编委会名单

主　编○费春斌　苏　俊　袁　汀

副主编○李　刚　叶志超　熊　伟　陈　鑫　杨明华

　　　　杨　俊　何江顺

编　委○李佳圆　蔡文全　陈晓均　邓晓薇　胡治宏

　　　　周　宾　唐　顺　郑克宇　朱兴强　甘韵秋

　　　　王　勉　陈振豪　黄　宇　胡　兴

素养导向下的
高中实验创新
与教学应用研究

主　编○费春斌　苏　俊　袁　汀

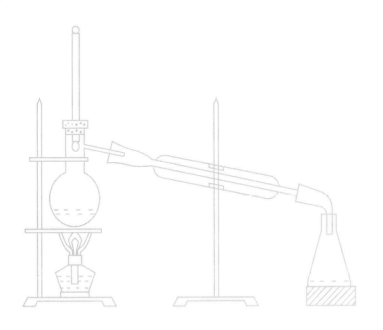

四川大学出版社
SICHUAN UNIVERSITY PRESS

图书在版编目（CIP）数据

素养导向下的高中实验创新与教学应用研究 / 费春斌，苏俊，袁汀主编. -- 成都：四川大学出版社，2024. 12. -- ISBN 978-7-5690-7308-9

Ⅰ. G632.3

中国国家版本馆 CIP 数据核字第 2024TD5986 号

书　　名：素养导向下的高中实验创新与教学应用研究
　　　　　Suyang Daoxiang xia de Gaozhong Shiyan Chuangxin yu Jiaoxue Yingyong Yanjiu
主　　编：费春斌　苏　俊　袁　汀

选题策划：曾　鑫
责任编辑：曾　鑫
责任校对：吴　丹
装帧设计：墨创文化
责任印制：李金兰

出版发行：四川大学出版社有限责任公司
　　　　　地址：成都市一环路南一段 24 号（610065）
　　　　　电话：（028）85408311（发行部）、85400276（总编室）
　　　　　电子邮箱：scupress@vip.163.com
　　　　　网址：https://press.scu.edu.cn
印前制作：四川胜翔数码印务设计有限公司
印刷装订：成都市新都华兴印务有限公司

成品尺寸：170 mm×240 mm
印　　张：12.25
字　　数：232 千字

版　　次：2025 年 1 月 第 1 版
印　　次：2025 年 1 月 第 1 次印刷
定　　价：69.00 元

本社图书如有印装质量问题，请联系发行部调换

扫码获取数字资源

四川大学出版社
微信公众号

序　言

　　"双新"改革是一个系统化的改革举措，包括新课程方案、新课程标准、新教材、新教学方式、新评价和新高考等方面。"新"的核心是一种以学生为中心的教育观，它强调立德树人，强调素养指向，强调真正学习。在新课程标准的指导下，学校教育更加注重学生的全面发展，强调培养学生的创新精神和实践能力。同时，新的教育理念强调以学生为中心，注重学生的主体地位和自主学习能力。在这样的背景下，理化生实验作为培养学生科学素养和实践能力的重要途径，更加需要得到改进和发展。

　　伟大的捷克教育家夸美纽斯确立了"教学的直观性原理"。他认为教学不应该从对事物的语言说明开始，而应始于对事物的观察。理化生实验教学是科学教育的重要组成部分，是学科教师实施直观教学的重要手段，是学生理化生知识的来源和实践能力的渠道，对于培养学生的科学素养和实践能力具有重要意义。但是，传统的理化生实验往往存在着一些问题，如实验方法单一、实验材料陈旧、实验步骤烦琐等。这些问题不仅影响了实验教学的效果，还限制了学生的实践能力和创新精神的发展。为了更好地适应"双新"改革背景下的教学工作，我们编写了这本关于双新背景下理化生实验改进的书籍。介绍了理化生学科多种实验改进的方法和策略，包括分析实验原理、简化实验步骤、优化实验材料、引入现代技术手段等。旨在为教师和学生提供一本实用的实验指导手册，帮助理化生学科师生更好地理解和掌握理化生知识。通过实验，让学生感受真真切切的学习和认知过程，学生可以直观地观察和理解科学现象，更直观地看到物质变化的形态和规律，实现"体验式"教学，掌握科学知识和实验技能，提高实验教学的效果，培养科学思维和创新能力。同时，实验还可以提高学生参与实验的积极性，帮助学生培养实践能力和解决问题的能力，提高他们的综合素质。

　　注重实践性和创新性是本书的一大特色和亮点，本书通过具体的实验案例，例如，探究斜拉桥中"神奇的结构力学"、焰色反应的趣味化演示装置的研制、手工精油皂的制作等，展示并呈现了学校理化生创新性实验改进的实践效果。本书通过展示具体的实验案例和改进方法，分析拓展性的问题和案例，为学生提供更多的思路和方向，让每一位学生成为实验的亲身经历者和切身体验者，在知识与运用中搭建相应平台，创造相应条件，引导学生在实践参与的过程中积极地带着各自的问题开展实验，激发出学生的责任感和探索精神，有效地提升学生个人逻辑思维能力，感悟理化生创新实验的价值。

成就每一名学生，立足于"向往的教育，幸福的成长"的办学愿景，让每一名学生在学习过程中实现身心健康成长的教育目标，在"双新"背景下，依托理化生创新实验探究的教学探索平台，努力提升教学的有效性和针对性，为学生在理化生学科学习提供助力，保驾护航。

费春斌

2024 年 10 月

目　　录

第一章　课程改革历史沿革……………………………………………（1）

　　第一节　基础教育课程改革的历史回溯………………………………（1）

　　第二节　新一轮基础教育课程改革的特点分析………………………（6）

　　第三节　新一轮基础教育课程改革的总结与启示……………………（10）

第二章　素养导向下育人方式的改革…………………………………（14）

　　第一节　素养导向下育人方式改革的整体设计………………………（14）

　　第二节　素养导向下育人方式变革的体现……………………………（19）

　　第三节　育人方式变革对实验创新与教学的影响……………………（22）

第三章　素养导向下的高中实验教学…………………………………（27）

　　第一节　高中实验教学的现状分析……………………………………（27）

　　第二节　高中实验教学的发展方向……………………………………（30）

　　第三节　高中实验教学的探索路径……………………………………（37）

第四章　素养导向下高中实验创新策略研究…………………………（43）

　　第一节　素养导向下高中实验创新内涵与意义………………………（43）

　　第二节　素养导向下高中实验创新的设计策略………………………（46）

　　第三节　素养导向下高中实验创新的评价策略………………………（96）

第五章　素养导向下高中实验教学创新策略研究……………………（100）

　　第一节　素养导向下高中实验教学方式策略研究……………………（100）

　　第二节　素养导向下高中实验教学实施策略研究……………………（105）

第三节 素养导向下高中实验教学中学生高阶思维培养的策略研究

···(142)

第六章 素养导向下高中实验教学全面加强与改进路径研究··············(148)

第一节 校本课程开发的理论基础·································(148)

第二节 高中实验校本课程开发的实践应用·························(162)

第一章　课程改革历史沿革

第一节　基础教育课程改革的历史回溯

2022 年 10 月召开的中国共产党第二十次全国代表大会提出"实施科教兴国战略，强化现代化建设人才支撑"，把教育、科技、人才提到"全面建设社会主义现代化国家的基础性、战略性支撑"的重要地位[1]。教育是社会发展的坚实基础，是培养现代化、高质量技术人才必不可少的环节[2]。在新中国 70 余年的历程中，社会主义建设和发展经历了不同的历史阶段，与之相应，基础教育课程改革（以下简称"课程改革"）也经历了不同的历程，其大致路径及其重要细节见表 1-1-1。

表 1-1-1　八次课程改革时间与重要细节[3][4]

课程改革阶段	时间	重要细节
第一次	1949—1952 年	改革旧制度，统一新政策，建立新课程。
第二次	1953—1957 年	改进学校教育，初建"以学科为中心"的课程体系。
第三次	1957—1965 年	贯彻教育方针，实行教育革命。
第四次	1964—1976 年	调整和精简中小学课程。
第五次	1977—1980 年	启用第五套新教材，现代化改革教学内容。
第六次	1981—1985 年	更新教学计划，适应形势发展（教育要面向现代化，面向世界，面向未来）。
第七次	1986—2000 年	实施九年义务教育，首发课程计划。
第八次	2001 年至今	全面实施素质教育，构建全新课程体系。

一、第一次课程改革（1949—1952 年）：改革旧制度，统一新政策，建立新课程

新中国成立前夕，中国人民政治协商会议第一届全体会议在《中国人民政治协商会议共同纲领》中明确提出：人民政府应有计划有步骤地改革旧的教育制度、教育内容和教学方法。第一次课程改革相关政策与具体举措见表1−1−2。

表1−1−2　第一次课程改革相关政策与具体举措[3][4]

发生时间	相关政策	具体举措
1950 年 8 月	教育部颁布了《小学各科课程暂行标准（草案）》和《中学暂行教学计划（草案）》	改革旧的教学制度、教学内容、教学方法（中学取消旧中国规定的"党义""公民""军训"等科目，设置了"革命常识""共同纲领""时事政策"等学科，设置了语文、数学、外语、物理、化学、生物、历史、地理、政治、自然、体育、音乐、美术等课程）。
1950 年 9 月	新闻出版总署召开全国出版会议	确定了面向全国统一供应中小学教材的方针。
1951 年 3 月	教育部召开全国中等教育工作会议	提出了普通中学的宗旨和教育目标，通过了《中学暂行规程》（1952 年 3 月颁布）以及中学政治等 7 个学科的课程标准草案。
1951 年 8 月	教育部召开第一次全国初等教育及师范教育会议	通过了《小学暂行规程》（1952 年 3 月颁布，确定小学学制为 5 年，开设语文、体育、算术、音乐和图画课程，四、五年级增设自然、历史和地理课程），并制订了新中国第一个小学教学计划。
1951 年 10 月	政务院颁布了《关于改革学制的决定》	对各级各类教育的学制做出了新的规定。其中，小学部分缩短了修业年限，改"四二学制"为"五年一贯制"，入学年龄为 7 岁；中学修业年限为六年，分初高两级，各三年。 同年，第一套全国通用的中小学教材由人民教育出版社编制出版。

在经过全方位的部署后，新中国第一次完成了统一的课程政策制定，并初步实现了教学计划、教学大纲与教科书三方面的统一。

二、第二次课程改革（1953—1957 年）：改进学校教育，初建"以学科为中心"的课程体系

为适应我国的第一个"五年计划"，该轮课程改革（以下简称"课改"）着力于发展中小学基础教育，针对小学教育和中学教育做具体改革，并初步形成了比较全面的中小学课程体系，同时，有计划地将上一轮改革的教学计划、教学大纲和教科书进行了修订，并为教师编写了专门的可供借鉴与参考的教师用书等。第二次课改的具体举措见表 1—1—3。

表 1—1—3　第二次课改的具体举措[3][4]

涉及方面	具体举措
小学教育	1953 年 12 月，政务院颁布《关于整顿和改进小学教育的指示》，重点指出小学教育是人民的基础教育，要有计划、有重点地整顿和发展小学教育，小学工作和学习应由教育部门统一领导布置。
中学教育	1954 年 4 月，政务院颁布了《关于改进和发展中学教育的指示》，其中强调：为提高教育质量，教育部应根据国家过渡时期的总任务和中学教育的目的，有计划地修订中学教学计划、教学大纲和教科书，并为教师编辑一套教学指导用书。随即，我国一方面着手整顿和改进学制和教学计划，如重新制定小学"四二制"教学计划、设置劳动技术教育课、总课时减少等；另一方面深入推进中小学课程、教材建设。
教学大纲与教材	1956 年，我国社会主义制度基本确立，教育部颁发了新中国成立以来全国第一套较为齐全的教学大纲——《中小学各科教学大纲（修订草案）》，人民教育出版社出版了第二套全国通用的中小学教材。

第二次课程改革持续至 1957 年初，较为全面的中小学课程体系在我国初步形成。

三、第三次课程改革（1957—1965 年）：贯彻教育方针，实行教育革命

这次课程改革经历了调整时期与反思时期，起草并编写了第四套全国通用教材，由国家控制课程管理与编制，统一科目与内容，课程结构单一。本轮改革进一步形成了比较全面的中小学课程体系，但全国统一的课程内容的推行面临着重重困难。

四、第四次课程改革（1964—1976 年）：调整和精简中小学课程

这一时期，对新中国成立以来所建立的中小学课程体系进行调整和精简，课程实施"政治化""实践化"，采取"开门教学"，实行"开门考试"[4]。

五、第五次课程改革（1977—1980 年）：启用第五套新教材，现代化改革教学内容

1978 年 1 月，教育部颁发《全日制十年制中小学教学计划试行（草案）》，开始课程领域内的拨乱反正。具体内容有以下三点。

（1）统一了学制，统一规定全日制中小学学制十年、小学五年、中学五年。

（2）恢复了课改初期的分科课程模式和开设的主要课程，颁布了全国统一实行的教学大纲。

（3）人民教育出版社于 1977 年恢复全面工作，并集中编写第五套全国通用的十年制中小学教材，教材于 1978 年秋在全国开始实行。

这些举措为后期课程改革奠定了基础。

六、第六次课程改革（1981—1985 年）：更新教学计划，适应形势发展

1978 年 12 月，党的十一届三中全会作出把党和国家工作中心转移到经济建设上来、实行改革开放的历史性决策。20 世纪 90 年代，党中央审时度势、顺应历史潮流，作出优先发展教育、实施科教兴国战略和人才强国战略的重大历史抉择。党的十一届三中全会以后，党中央对教育工作做出了一系列新的论断和决策，我国教育事业开始走上了蓬勃发展的道路[5]。

在这一历史时期，国际形势的巨大变化和新的技术革命带来了全新的挑战，我国于 1978 年颁布的教学计划在课程设置等各方面已难以匹配新形势的要求，亟需开展新一轮的课程改革。1981 年 4 月，教育部颁发《全日制六年制重点中学教学计划（试行草案）》《全日制五年制中学教学计划（试行草案）的修订意见》和《全日制五年制小学教学计划（修订草案）》，对课程设置、课时开设顺序、课时分配等具体问题进行了新的整体规划[7]。

同时，人民教育出版社开始编写第六套面向全国通用的 12 年制中小学教材，并于 1982 年秋季向全国供应。1984 年 8 月，教育部在现行全日制五年制小学教学计划的基础上，总结以往部分小学教学改革的经验，颁发了《全日制六年制城市小学教学计划（草案）》《全日制六年制农村小学教学计划（草案）》，强调我国的初等教育改革必须贯彻"三个面向"指导思想，并将改革的重点聚焦于减轻学生课业负担，进一步提高教学质量，使少年儿童能够生动活泼地主动发展等方面。

七、第七次课程改革（1986—2000 年）：实施九年义务教育，首发课程计划

1985 年 5 月，由中共中央颁布的《关于教育体制改革的决定》宣告了"第七次课程改革"的启动，确立了"三个面向"的教育目标，并以"提高民族素质，多出人才，出好人才"为根本出发点，从根本体制入手改革与社会主义现代化建设不相适应的教育思想、教育内容、教育方法，提出了"教育优先发展"的战略。

1986 年 4 月，《中华人民共和国义务教育法》颁布，教育事业进入了依法治教的全新阶段。《九年义务教育全日制小学、初级中学课程计划》于 1992 年颁布，首先，第一次将"教学计划"更名为"课程计划"，此课程计划将课程表分为"六三制"和"五四制"两种，课程主要分为学科类和活动类，基础教育课程开始改变"小学—中学"的传统分段设计，而代之以"义务教育—高中"两阶段统一设计。其次，优化了课程结构。各地可以依据当地实际情况和需要进行地方课程设置，并允许一些地区和单位按大纲初审稿编写教材。除此之外，本次改革在中小学的课程设置上也做了较大改变，如小学开设综合课，初中开设选修课，活动也正式纳入初中的教学计划。最后，更新了课程内容，降低了课程难度。由人民教育出版社负责编写和修订的第七套全国通用中小学教材于 1988 年秋开始使用。1996 年开始，国家教委基础教育司开始组织在全国各地中小学进行调研的工作，引发新一轮基础教育课程改革。

八、第八次课程改革（2001 年至今）：全面实施素质教育，构建全课程体系

进入 21 世纪后，我国各方面的建设都高速发展，在人才的培养上，我国将基础教育课程方案变革在"义务教育—高中"的框架下推向纵深。2001 年 11 月，教育部颁发了《义务教育课程设置实验方案》，大力加强课程的均衡性、综合性和选择性，课程结构的变革取得了突破性的进展。实验方案实行国家、地方、学校三级课程管理体制，九年一贯整体设置课程，将 16％～20％的课时划分给地方与学校课程和综合实践活动。2003 年 3 月，教育部印发《普通高中课程方案（实验）》。该课程方案着力于构建重基础、多样化、有层次、综合性的课程结构，按学习领域、科目、模块三个层次设置课程，实行学分制，包括必修学分、选修学分Ⅰ、选修学分Ⅱ。2017 年 12 月，教育部颁布《普通高中课程方案（2017 年版）》，明确普通高中的培养目标是"进一步提升学生综合素质，着力发展核心素养，使学生具有理想信念和社会责任感，具有科学文化素养和终身学习能力，具有自主发展能力和沟通合作能力"，将课程分为必修、选择性必修、选修三类，并在方案文本上增加"课程内容确定的原则""课程实施与评价""条件保障""管理与监督"等内容，加强对课程方案实施的指导与监测[3][4][7][8]。

经过十年的课改，我国基础教育初步建立了更加符合素质教育要求的基础教育课程体系，推进了有助于学生综合素质提高的人才培养模式的变革，推动了注重学生成长过程和全面发展的考核机制的改革，促进了教师素质的提高和专业发展。

第二节 新一轮基础教育课程改革的特点分析

自《普通高中课程方案（2017 年版）》等政策方针发布以来，第八次课程改革使得课程结构、课程内容、课程教学等发生了全新的变化，并推动了育人方式的重大变革。而这些重要的变化给教学带来新的启示，教学应考虑学生已有的经验与未来将要面对的社会实际问题，注重学生学科能力的提升、学科思维的养成，最终实现人格的全面塑造。

一、课程结构的变化

在新中国成立之初，我国建立了统一性、单一性的基础教育课程体系，除音乐、美术（图画）、体育以及少量特殊课程如制图、劳作和课外活动外，其他课程均为学科课程，且所有课程均为必修课程。此后，基础教育课程方案不断革新课程类型，尽可能使课程类型更加多元、多样，德、智、体、美等多方面协调发展的思想在课程体系上的体现更加充分。

首先，课程设置与时俱进。改革开放以来，改革重点在地方课程、活动课程、选修课程、校本课程等方面不断拓展。进入 21 世纪后，科学、历史与社会、艺术、体育与健康等课程进一步成为基础教育课程体系的重要组成部分。其次，课时比例趋于均衡合理。我国基础教育课程主要分为思想政治类课程、工具类课程、科学类课程、音体美类课程、劳动综合类课程。最后，课时安排更加灵活宽松。相对于以前课程方案详细规定周课时的方式，2001 年《义务教育课程设置实验方案》仅规定了各门课程的比例范围，《普通高中课程方案（2017 年版）》仅硬性规定了必修学分，选择性必修学分和选修学分均只规定学分范围，使得课时安排更具有灵活性和自主性。

2000 年《全日制普通高级中学课程计划（试验修订稿）》新开设综合实践活动，重视实践动手能力的综合培养，并单独设置"地方和学校选修课"，进一步提升课程的丰富性和多样性。2001 年《义务教育课程设置实验方案》大力加强综合课程，综合课程也成为基础教育课程体系的重要组成部分。2003 年《普通高中新课程方案（试验）》将普通高中课程分为学习领域、科目、模块三个层次，并实行学分制。《普通高中课程方案（2017 年版）》为每一门科目设置了必修学分、选择性必修学分、选修学分。至此，我国基础教育课程形成了国家课程与地方课程、校本课程相结合，必修课程与选修课程相结合，学科课程与活动课程相结合，分科课程与综合课程相结合，文化课程与职业课程相结合，学术课程与生活课程相结合的多样化课程体系[7]。

除此之外，学生在课程选择上也获得了更多的自主权。2014 年 9 月，《国务院关于深化考试招生制度改革的实施意见》正式发布，教育发达地区事先实行"3+3"新高考选科模式，即语文、数学、英语必选，另外历史、政治、地理、化学、生物、物理六门科目任选三科学习，不再实行原"文综""理综"的分类，给予了学生充分的自主选择权。全国不同的地区按批次进入新高考模式，大部分省市采取了"3+1+2"的选科模式，"3"指的是语文、数学、英语三科必选，"1"则是在"物理、历史"两科中（只能）必选一科，而"2"为"政治、历史、化学、生物"四科中任选两科，高考则分为"历史类""物理类"进行招生录取。

新高考与之配套的还有新课标、新教材，可谓对基础教育模式进行了全面的改进与升级，新课标重视学科素养的培养，是一线教师宏观把控教学的关键指导性文件；新教材重视知识体系的构建，强调学科素养的落实；而新高考重视以人为本，在模式上保障了学生的学习兴趣，给予了学生自主选择权，也更适合于现代社会对多方位、高素质人才的需求，但与此同时，新高考从考察方式、能力要求、人才选拔等角度对新时代的师生提出了新的要求。

二、培养目标的变化

教育是社会发展的坚实基础，培养现代化、高质量的技术人才是我国现代化建设中必不可少的环节。

培养目标是国家对各级各类学校人才培养的规格要求。新一轮的课程改革以培养创新型人才作为主要目标，主要内容有以下 5 个方面：①彻底变革以知识为主的单一目标，将"知识与技能，过程与方法，情感、态度与价值观"的三维目标修改为以"核心素养为导向"的综合素养目标；②在课程方面，重视社会中心课程理论指导的综合课程，强调学生的经验与经历，重视学生学习过程中的参与意识与动手实践意识；③在学生培养上，加强对学生学习过程的关注，形成新的培养创新能力与实践水平的教学方法与手段；④提升课程评价的反馈功能，发挥评价促进学生发展、教师提高和改进教学实践的功能；⑤改变课程管理过于集中的状况，实行国家、地方、学校三级课程管理，增强课程对地方、学校及学生的适应性。这一时期课程改革的特点是，国际视野与中国特色相结合、课程的继承与创新相结合、注重营造一种新的课程文化。

从总体上看，我国基础教育培养目标既有稳定的逻辑框架，又随着时代发展，是与时俱进的。我国基础教育培养目标在创建的早期就根据马克思的人的全面发展学说确立了"德智体美劳"的基本框架，这体现了培养目标的稳定性，并为此后的基础教育课程方案所遵循。培养目标的时代性表现在不同的时期，培养目标的形式、内容、价值等方面不断实现突破和发展，培养目标的内涵不断得到更新和丰富。新一轮课程改革培养目标的变化见表 1－2－1。

表 1-2-1 　新一轮课程改革培养目标的变化[9]

形式角度	单层表述→多层表述、静态割裂→整体描述，不断厘清培养目标的内在逻辑结构。
内容角度	既坚持和优化原有培养目标的合理内涵，又不断更新人才培养的具体内涵，使培养目标的内涵不断丰富。例如，与 1996 年高中培养目标比较，2000 年培养目标新增了创新精神与实践能力、独立生活、终身学习、创业精神等二十余个指标点。
价值角度	从"重结果"到"结果与过程并重"、从"重集体"到"集体与个体并重"、从"重共性"到"共性与个性并重"、从"重社会"到"社会与生活并重"的发展和丰富过程。例如，1963 年培养目标加入"生活习惯"，1992 年培养目标加入"个性品质"和"自我管理"，2003 年培养目标加入"正确认识自己"等内容。

三、育人方式的变化

学生被认为是"深度改革"的终极对象，而教师是其中的关键一环。近年来，新教材、新高考、新课标的改革在深度、广度方面持续推进，逐渐向全国铺开。在这样的基础教育改革新形势下，广大教师面临着新的育人方式的挑战。

首先，在教学内容上，新教材无论是编排顺序还是逻辑思路均与旧教材存在区别，教师需要对新教材的教学内容（尤其是删减、新增或更正的部分）提前明晰，以此制定全新的教学计划。

其次，在教学方式上，新教材、新课标也对教师提出了更高的要求。以高中化学为例，2017 年高中化学课程标准修订组依据《中国学生发展核心素养》和高中化学课程特点，总结出"宏观辨识与微观探析""证据推理与模型认知""变化观念与平衡思想""科学探究与创新意识""科学精神和社会责任"五大核心素养。《新课标》提出"高中化学课程应帮助学生主动构建化学知识与基本技能"，进一步加深对化学学科的本质理解以及对物质世界的认知，实现自身的发展。由此可见，新课标更注重知识体系的构建、思维方式的培养以及学科素养的发展，在育人环节中培养学生的化学深度思维至关重要。这样的变革即使是对于深耕一线的教师来说，也是不小的挑战。

最后，在考查方式上，教育部考试中心研制的《中国高考评价体系》提出"一核""四层""四翼"评价指标（图 1-2-1），明确了考查要求[4]。

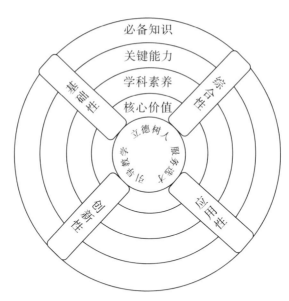

图 1-2-1　中国高考评价体系"一核""四层""四翼"

在全新的考察背景下，教师需要革新教育理念，帮助学生构建结构化的知识体系，培养深度学科思维，建立起能应对新形势的全面的学科素养与能力。

第三节　新一轮基础教育课程改革的总结与启示

一、课程改革具有历史时代性

自新中国成立以来，国家一直在课程设置、课程结构、课程教学等多方面不断优化基础教育人才培养策略。自改革开放以来，我国经济实力全面、快速提升。在全球化的今天，我国教育已经与世界接轨，与时俱进。在总结以往课程改革内容的过程中不难发现，我国课程改革整体顺应世界课程改革的大规律与大趋势，积极关注国际课程的变化，重视课程理论与实践的不断发展与变革，总结优良经验并将其本土化，不断吸收他国课程变化与改革中适合国际型人才或者本国人才需要的课程内容。当今世界课程改革在基本价值取向上主要受五对力量的拉动：一是高质量和平等之间的力量联系，二是民族性与国际性之间的力量联系，三是科学世界与生活世界之间的力量联系，四是人与自然之间的力量联系，五是个人与社会之间的力量联系。这五个方面是世界课程改革的基本价值取向，也是我国课程未来改革的基本理念。

自新中国成立以来，我国经历了八次基础教育课程改革，每次课程改革都在不同程度上深化了教育教学改革，培养出大批时代需要的人才。所以，课程改革要充分考虑本国经济发展与科技进步，考虑本国教育教学实际，考虑教师与学生的发展变化，在吸取以往课程改革的经验教训基础上，深化基础教育课程改革。

我国进行的第八次基础教育课程改革，改革力度大，影响范围广，并且这次课程改革更加慎重与稳妥。它是在总结我国前几次课程改革的经验教训的基础上，通过广泛调查与实践，虚心听取课程专家与一线优秀教师建议后，进行的基础教育课程改革。这次改革设计了各门课程的课程标准，即规定了各门课程的最低标准，改变过去学科课程中"难、偏、重"等问题；这次课程改革改变了传统的教师观与学生观，为培养学生的创新精神与实践能力，从教学方法、教学模式、教学组织形式等方面进行了彻底的变革；这次课程改革将课程管理权真正下放到地方，基础教育培养机构有权利选择适当的课程体系，研发地方课程和校本课程，改变过去课程体系与课程内容"大一统"的状况；这次课程改革设计了"三位一体"的课程目标，对培养全面发展的社会主义建设者与接班人提出了具体实施目标。

二、课程改革与理论发展紧密联系

在教育改革过程中，基于人的教育问题与国家发展需要，产生了诸多教育理论。这些理论既是冲突与调适的综合结果，也是对国家发展与个人成长的内在回应。一方面，从教育改革实践中总结出经验教训，进而提炼为理论；另一方面，积极引入国外教育理论，加以学习和改造，使之在中国教育场域中发挥作用。随着教育改革的不断推进，教育理论呈现出有限性和滞后性，但其原点特征还是生命性、生活性和实践性，竭力还原并守正教育的美与善[6]。

教育现代化是教育改革与发展的鲜明主题，经历了从1983年"面向现代化"到党的十七大"提高现代化水平"，再到党的十九大"加快现代化"的历史进程，党的二十大"实施科教兴国战略，强化现代化建设人才支撑"，推动了从教育大国向教育强国的历史性转变。教育的地位与方向在不断调整，从一开始作为重要事业上升为国家现代化的决定性事业，从注重人力资本开发转变为关乎民生的首要问题，从国家富强促进教育发展转向教育兴盛助力强国建设[6]。

这也意味着，教育工作者需要加强理论学习，不断汲取精华，探寻符合自身学情的教学方式。而理论的发展必须经由实践的检验，教育工作者必须在不断的实践开展中反馈、修正教育理论，提升教育理论的原创性与自主性，建设我国教育学体系。

三、课程改革旨在社会人才的培养

教育的终极目的是培养"人"。课程是联系教师与学生的中介，是以学生预期变化为宗旨的学习内容，因此课程改革必须考虑学生的发展与变化，学生个性发展与素质要求，以更好地实现人才培养目标。从国际发展层次看，各国竞争中尤以人才竞争最为激烈，人才的界定已经不完全是高智商的知识的占有者，更应该是高智商、高情商、个性完善、与人合作的"复合体"；从个人发展层次看，每个人都有自身发展的期望与设想，每个人都有自我实现的愿望与憧憬；从二者的关系看，国家教育目标是通过个体目标的实现得以实现的。这就要求基础教育课程改革要以学生需求为中心，构建符合学生发展需求和自我实现需要的课程体系。

基础教育课程体系设计是否适当，要以课程实施过程中师生能否达成教育教学最优化及人才培养的质量与规格作为评价的依据。教师与学生是课程设计与课程学习的真正主体，他们对课程改革的具体内容最具有发言权。课程改革不仅要考虑专家学者的远见卓识，还要充分考虑课程实施者的建议与看法，旨在设计出更符合需要的基础教育课程体系、深化课程改革。课程改革，作为教育改革的重要组成部分，对于人才培养与社会发展都具有重要意义。随着社会发展与国际竞争加剧，课程改革还会更加深入与精进，需要人们在课程改革过程中，能够高瞻远瞩，与时俱进，以适应人才培养的变化与人才质量的提升[4]。

在新形势下，我国现代化建设需要创新型人才，国家也出台各项政策呼吁创新型人才的培养。中学阶段是培养学生创新实践能力的重要时期，教育工作者们要充分认识培养创新人才的重要性，不断增强创新人才培养的主动性，努力探索培养学生创新实践能力的方式方法，以推动创新人才的培养，实现用创新拥抱新时代，以创新与新时代同频共振，在加快培养创新人才中，完成教育工作者的历史使命，实现教育事业的时代价值。

在创新型人才的培养中，开展理科创新实验，是培养中学阶段创新型人才的重要环节，对发展学生实验能力、动手能力，全面培养核心素养具有更加重要的理论和现实意义。

参考文献

[1] 习近平. 高举中国特色社会主义伟大旗帜 为全面建设社会主义现代化国家而团结奋斗——在中国共产党第二十次全国代表大会上的报告 [EB/OL]. (2022－10－25). https：//www. chinacourt. org/article/detail/2022/10/id/6975843. shtml.

[2] 工信部规划司. 《中国制造 2025》解读之一：中国制造 2025，我国制造强国建设的宏伟蓝图 [EB/OL]. (2015－05－26). https：//wap. miit. gov. cn/ztzl/lszt/zgzz2025/zcjd/art/2020/art ＿ 4c23c8e0de514ce 7923d1bc1a902f2df. html.

[3] 乔建中. 基础教育"八次课改"的历史轨迹与研究脉络 [J]. 江苏教育研究，2012 (9)：18－22.

[4] 王桂艳. 我国基础教育八次课程改革的历史研究及启示 [J]. 辽宁教育行政学院学报，2011，28 (5)：13－15.

[5] 陈宝生. 国之大计党之大计——新中国教育事业的历史成就与现实使命 [J]. 智慧中国，2019 (10)：18－20.

[6] 胡佳新，周洪宇. 中国教育改革的逻辑向度及其内在关系 [J]. 中国教育科学 (中英文)，2022，5 (5)：13－26.

[7] 龙安邦，余文森. 我国基础教育课程方案变革 70 年的回顾与展望 [J]. 中国教育学刊，2019 (10)：28－35.

[8] 谢翌，马云鹏，张治平. 新中国真的发生了八次课程改革吗？[J]. 教育研究，2013，34 (2)：125－132＋146.

[9] 刘冬岩，蔡旭群. 新一轮课程改革的回顾与展望——第八次全国课程学术研讨会综述 [J]. 课程·教材·教法，2013，33 (1)：88－94.

第二章 素养导向下育人方式的改革

第一节 素养导向下育人方式改革的整体设计

2019 年颁布的《国务院办公厅关于新时代推进普通高中育人方式改革的指导意见》（以下简称《指导意见》）提出："办好普通高中教育，对于巩固义务教育普及成果、增强高等教育发展后劲、进一步提高国民整体素质具有重要意义。"[1] 普通高中作为基础教育的高级阶段和高等教育的衔接阶段，在人才培养中起着承上启下的关键作用，是拔尖创新人才培养的关键阶段。新时代普通高中推进育人方式改革，要求全面实施新课程新教材，深入推进适应学生全面而有个性发展的教育教学改革，保障师资和办学条件，形成多样化有特色发展的格局。

一、构建全面培养体系

（一）坚持立德树人

立德树人是教育的根本任务，高中育人方式变革的首要问题是明确"培养什么样的人"。恰好高中阶段是世界观、人生观、价值观形成的关键时期，普通高中要坚持把立德树人融入思想道德教育、文化知识教育、社会实践教育各环节，注重提升学生的道德素养。将家国情怀和文化自信融入教育全过程，弘扬科学家精神和工匠精神，让学生有志于为国家事业发展作贡献。同时，高中育人方式改革要坚持以人为本，基于高中学生实际的认知水平、思维阶段和发展需要，积极探索育人方式从知识本位向素养本位转变的规律，关注学生科学精神、责任担当、实践创新、人文底蕴等核心素养的融合发展，通过跨学科、学科交叉贯通等方式推动学科融合建构，培养学生的综合素质和能力。

（二）强化综合素质培养

改进科学文化教育，统筹课堂学习和课外实践，强化实验操作，建设书香校园，培养学生创新思维和实践能力，提升人文素养和科学素养。例如，党史教育是价值观教育的核心内容之一，学校以"培养一批，宣讲一批，普及一班，带动全校"为路径，借助党史教育课程，逐步实现全校"人人知党史，人人讲党史"。再如，个性特长课程主要包括体育运动、艺术修养、科技发明等三方面内容，这一类课程注重发现学生的兴趣爱好，培养学生的特长，增强学生认识真实世界、解决真实问题的能力，提升学生的实践能力和创新意识，以促成学生的多元发展。同时，综合实践课程主要包括劳动技能课程和研究性学习课程，注重让学生学会劳动、学会学习、学会生活、学会做人，能融入社会，更好地发挥课程的"实践育人"功能。烹饪、烘焙、女红等劳动技能课程注重教育教学与生产劳动、社会实践的结合。在相关技术人员的指导下，学生可以以班级为单位种植各种农作物，充分培养劳动意识，提升劳动技能。由社会调查、社会服务活动设计与实施、职业体验等构成的研究性学习课程，注重让学生走出学校，走向社会，培养学生的社会实践能力和活动能力，为其将来适应社会生活打下基础。

（三）拓宽综合实践渠道

健全社会教育资源有效开发配置的政策体系，因地制宜打造学生社会实践大课堂，建设一批稳定的学生社会实践基地，定期组织开展学生志愿服务和实践体验活动。充分发挥爱国主义、优秀传统文化、军事国防等教育基地，以及高等学校、科研机构、现代企业、美丽乡村、国家公园等方面资源的重要育人作用，按规定以免费或优惠方式向学生开放图书馆、博物馆、科技馆、文化馆、纪念馆、展览馆、运动场等公共设施。定期组织学生深入社区、医院、福利院、社会救助机构等开展志愿服务，走进军营、深入农村开展体验活动。

（四）完善综合素质评价

评价方式服务于评价目的，精确的评价方式能有效引领学生的个性化发展。注重多种评价方式的综合运用，使评价主体多样：一是将学生自我评价与学生互评相结合；二是从家校协同育人的角度将教师的评价与家长的评价相结合；三是将个人评价与团队评价相结合，即个人在团队中评价，团队成员捆绑在一起评价。还应注重个性化的分类分层评价，对不同的学生，应有不同的评价尺度。以尊重学生差异为基点，承认学生发展的差异性和个别性，设置各类评价系列，并将过程性评价和结果性评价相结合。

二、优化课程实施

（一）全面实施新课程新教材

为了实施好新课程新教材，《指导意见》提出了一个工作目标和两项具体措施。工作目标是结合推进高考综合改革，2022 年前全面实施新课程、使用新教材。两项具体措施：（1）健全新课程的实施机制，组织开展国家级示范性培训和校长教师的全员培训，也就是确实做到新课程、新教材实施之前展开全面培训，切实加大对贫困地区和薄弱学校的支持力度；（2）完善学校课程管理，加强课程实施监管和学分认定管理，落实好国家课程方案，确保开齐、开足体育与健康、艺术、综合实践活动和理化生实验等课程。

（二）完善学校课程管理

课程是育人的核心载体，普通高中必须顺应国家对于未来人才培养的战略需求，持续不断地进行课程建设和推进实施。"双新"背景下普通高中原有的统一课程、固定班级和教师的课程组织模式被打破，强调尊重并鼓励学生按照个人兴趣和自身强项选择适合自己成长和发展的课程。在此背景下，普通高中可以通过整合国家课程与校本课程，打通学科界限和专业壁垒，构建包括基础通识课程、兴趣特长课程、大学先修课程、综合实践课程等在内的拔尖创新人才培养课程体系。课程教学要着重引导学生知悉原理并学会实际应用，积极探索研究型、合作式、项目化学习方式，使学生在"学中做、做中学"过程中形成严谨求实的科学态度和科学思维，强化其提出问题、综合分析问题和解决问题的能力。

三、创新教学组织管理

（一）有序推进选课走班

依据学科人才培养规律、高校招生专业选考科目要求和学生的兴趣特长，因地制宜、有序实施选课走班，满足不同学生发展需要。其次，要指导学校制定选课走班的指南，构建规范有序、科学高效的选课走班运行机制。

（二）深化课堂教学改革

按照教学计划循序渐进开展教学，提高课堂教学效率，培养学生学习能力，促进学生系统掌握各学科基础知识、基本技能、基本方法，培养适应终身发展和社会发展需要的正确价值观念、必备品格和关键能力。积极探索基于情境、问题导向的互动式、启发式、探究式、体验式等课堂教学，注重加强课题研究、项目设计、研究性学习等跨学科综合性教学，认真开展验证性实验和探究性实验教学。提高作业设计质量，精心设计基础性作业，适当增加探究性、实践性、综合性作业。积极推广应用优秀教学成果，推进信息技术与教育教学深度融合，加强教学研究和指导。

（三）优化教学管理

完善普通高中教学管理规范，落实市、县监管责任，强化教学常规管理。严格执行教学计划，严禁超课标教学、抢赶教学进度和提前结束课程，严禁组织有偿补课，切实减轻学生过重课业负担。减少高中统考统测和日常考试，加强考试数据分析，认真做好反馈，引导改进教学。

四、加强学生发展指导

（一）注重指导实效

加强对学生理想、心理、学习、生活、生涯规划等方面指导，帮助学生树立正确理想信念、正确认识自我，更好适应高中学习生活，处理好个人兴趣特长与国家和社会需要的关系，提高选修课程、选考科目、报考专业和未来发展方向的自主选择能力。

（二）健全指导机制

各地要制定学生发展指导意见，指导学校建立学生发展指导制度，加强指导教师培训。普通高中学校要明确指导机构，建立专兼结合的指导教师队伍，通过学科教学渗透、开设指导课程、举办专题讲座、开展职业体验等对学生进行指导。注重利用高校、科研机构、企业等各种社会资源，构建学校、家庭、社会协同指导机制。高校应以多种方式向高中学校介绍专业设置、选拔要求、培养目标及就业方向等，为学生提供咨询和帮助。

五、完善考试和招生制度

（一）规范学业水平考试

普通高中学业水平考试主要检验学生达到国家规定学习要求的程度，考试成绩是学生毕业和升学的重要依据。除综合实践活动课程纳入综合素质评价外，国家课程方案规定的其他科目均实行合格性考试，考试内容为必修内容。语数外、政史地、理化生等科目合格性考试由省级统一命题、统一组织实施，鼓励有条件的地方将技术科目和理化生实验操作纳入省级统一考试。体育与健康科目合格性考试按照省级要求由地市统一组织实施，艺术（或音乐、美术）科目合格性考试由省级确定具体组织实施方式。省级统一组织实施的合格性考试应安排在学期末，高一学生参加考试的科目原则上不超过4科。高校招生录取所需学业水平考试科目实行选择性考试，考试内容为必修和选择性必修内容，由省级统一组织实施。

（二）深化考试命题改革

学业水平选择性考试与高等学校招生全国统一考试命题要以普通高中课程标准和高校人才选拔要求为依据，实施普通高中新课程的省份不再制定考试大纲。优化考试内容，突出立德树人导向，重点考查学生运用所学知识分析问题和解决问题的能力。创新试题形式，加强情境设计，注重联系社会生活实际，增加综合性、开放性、应用性、探究性试题。科学设置试题难度，命题要符合相应学业质量标准，体现不同考试功能。加强命题能力建设，优化命题人员结构，加快题库建设，建立命题评估制度，提高命题质量。

（三）稳步推进高校招生改革

进一步健全分类考试、综合评价、多元录取的高校招生机制，逐步改变单纯以考试成绩评价录取学生的倾向，引导高中学校转变育人方式、发展素质教育。加强高等学校招生工作能力建设，不断提高招生录取工作科学化专业化水平。高等学校要根据人才培养目标和专业学习基本需要，结合实施高考综合改革省份学生选考情况，不断完善招生专业选考科目要求；把综合素质评价作为招生录取的重要参考，并充分考虑城乡差异和不同群体学生特点，研究制定高中学生综合素质评价使用办法，提前向社会公布。

六、强化师资和条件保障

（一）加强教师队伍建设

首先，普通高中要通过专题研修、参观观摩、学术进修等方式，提升教师的科学文化素养、新课程新教材实施能力、学生个性化发展指导能力，引导教师在教育教学各环节激发学生的好奇心、想象力和探求欲。其次，普通高中要广泛开发整合政府、高等院校、科研院所、科技场馆、企业等社会资源并将其转化为校内育人资源，打造校外实践教育基地，遴选优秀骨干教师与相关领域专家进行紧密合作、共同组建科教融合的导师团队，为学生开展研学、课题探究等综合性活动提供师资和平台支持。

（二）改善学校校舍条件

各地要完善学校建设规划，扩大教育资源，优化校舍功能。要制定优惠政策，建立绿色通道，加快项目审批和工程建设进度。有条件的地方应建设学科教室、创新实验室、社团活动室等，推进数字校园建设。修订普通高中校建设标准和装备配备标准，继续实施教育基础薄弱县普通高中建设项目，加大普通高中改造计划实施力度。

（三）完善经费投入机制

各省（区、市）要完善普通高中建设经费投入机制，明确省市县分担责任。在严格遵守政府债务管理规定的前提下，多渠道筹措普通高中建设资金。科学核定普通高中培养成本，健全生均公用经费拨款制度。完善成本分担机制，按照规定程序适当调整学费标准，建立生均公用经费拨款标准和学费标准动态调整机制。

第二节 素养导向下育人方式变革的体现

育人方式的本质是"怎么培养人"。育人方式变革是当前基础教育改革的一个焦点和重点问题。育人方式变革集中体现在从知识本位走向素养本位、从以教为主转向以学为主、从学科"割裂"走向学科"统整"、从"坐而论道"转向"学科实践"四个方面[2]的变化上。

一、从知识本位走向素养本位

就教学的目的和方向而言，我国中小学教学改革经历了从"双基"到"三维目标"再到"核心素养"三个阶段，完成了从知识到学科再到人的转向。当前我国的基础教育进入了以人为本和核心素养的新时代。

传统教学以"双基"为导向，基础知识、基本技能被当成教学的根本目的和追求，"双基"教学并不否认能力培养的重要性，但是能力培养被认定为"双基"教学的"附属品"，其基本观点：一是强调知识是能力的绝对的基础和前提，二是能力培养是在知识教学中"自然"和"顺带"完成的。

"三维目标"相比"双基"，其进步是显而易见的，但这只是学科层面的进步，即学科的内涵和价值被更深刻、更全面地揭示出来。

"核心素养"定位教学目的，即把知识以及三维目标都转化为人身上的东西，即"素养"，知识就找到了自己的归宿。从教育的角度看，这是从"为了知识的教育"走向"通过知识的教育"。所有的课堂教学都必须基于知识、通过知识，但不能止于知识、为了知识。知识是原材料、是食物，素养是产品；知识是食物，素养是营养素；知识是花粉，素养是蜂蜜。从学科的角度看，学科教育不能只是在学科知识上做文章，而是要立足于学科的独特育人价值，学科的独特育人价值来自学科的思维方法、思想观念和精神文化，只有这样才能让立德树人根本任务在课堂得到有效落实。总之，素养是目的、方向，是贯穿教学全过程的一根红线。

二、从以教为主转向以学为主

强调学习、倡导学习方式变革一直伴随在新课程改革的推进过程之中。但是，就整体而言，教的本位意识和以讲授为中心的课堂还没有从根本上得到实质性的改变。正如田慧生先生所言："深化课堂教学改革是十多年来新课改一直强调的，但现在改革进入全面深化阶段以后，课堂教学改革的重点和核心在哪里？答案是教与学关系的根本性调整。从总体上来说，课堂教学还没有普遍地实现根本性的转变，人们所期待的那种新型的课堂还没有普遍地建立起来，根本问题就在于——还没有有效地调整好教与学的关系，课堂还没有从根本上实现由以教为主向以学为主的转变。"[3]可以说，从以教为主转向以学为主是育人方式转变最集中、最典型的表现。以学为主具体表现为以下三点：

（1）坚持以学生为中心的教学思想。以学生为中心，立足学生、基于学生、依靠学生、为了学生是教学的出发点和归宿点，教材、教师、教学环境、教学设计等一切教学要素和活动都要围绕学生，为学生服务。

（2）倡导以学习为主线的教学设计。教学设计和教学组织围绕学生学习的内在规律展开，从问题到思考、从知之浅到知之深、从感性认识到理性认识，使教学过程真正成为学生的学习过程，成为学生的认识和思维不断提升的过程。

（3）实施以学习为中心的教学活动。学习活动才是课堂的实质性、主体性活动。从以教为主转向以学为主实际上就是从"讲授中心课堂"转向"学习中心课堂"，让学习活动占据课堂的主要时空，让学生的学习在课堂里真实、深刻、完整地发生。

三、从学科"割裂"走向学科"统整"

教学内容的选择、组织、呈现也是育人方式的重要体现。传统教学把学科知识分割成为一个个知识点，所谓教学就是围绕一个个知识点展开和呈现，学生最终获得的是孤立的、繁多的知识点。教师擅长于知识点的教学，而对知识点教学要培养学生的哪些素养却不清楚。知识被孤立地进行授受，从而导致学生知识结构单一，综合创新能力被严重弱化。学科知识从"割裂"走向"统整"，也是育人方式变革的一种表现。

就形式而言，"统整"可以分为学科内在的统整和跨学科的统整。学科内在的统整旨在强化学科知识的联系性和整体性，引导和支持学生建立学科知识网络；跨学科的统整意在强化学科的贯通，弥合分科教学的不足，让学生有机会在不同学科知识的互动和整合中，学习知识和解决实际问题。就方法而言，"学科大观念"和"跨学科核心素养"是统整的基本工具和主要依靠。"学科大观念"是反映学科本质的核心概念或命题，能有效地整合、统领学科的知识内容并实现知识的有机融通和广泛迁移；"跨学科核心素养"是不同学科共同的教育使命和教学目的，是相关学科的连接点和衔接点，在教学目的上实现学科之间的统整。

四、从"坐而论道"转向"学科实践"

传统教学的一个显著特点就是"坐而论道",把学科学习局限于听、看、思、记、背、练等"静态式"的学习方式上,这种育人方式会导致学生动手能力差、不能活学活用。从"坐而论道"转向"学科实践"是育人方式转变的必然要求。相对于"坐而论道","学科实践"的要义表现:一是在内容上,注重理论联系实际,强调学科知识要联系学生经验和生活实际、社会发展,特别是要把学科知识置于学科真实的情境之中,从而让知识活起来;二是在方式上,坚持知行合一,强调动手实践和做中学,让学生动起来,用实践、活动的方式进行学习,在探究、操作中解决问题、获得真知;三是在目的上,强化学以致用,培养学生解决问题的真能力、真本领。

"学科实践"的实质是要实现学生知识学习方式和路径的翻转,让学生像科学家一样在学科真实的问题情境之中实践、探索和思考。"学科实践"是学科核心素养形成的根本路径;学科实践是重建教学论的"引擎",是引领教学论发展的"灯塔"。

"素养"是就教学方向而言的,"学习"是就教学主体而言的,"统整"是就教学内容而言的,"实践"是就教学方式而言的,这是育人方式变革的四个关键词,实现这四个转向也是育人方式变革的核心任务。

第三节 育人方式变革对实验创新与教学的影响

实验在科学教育中具有不可替代的育人价值,是开展科学探究的重要手段。因此,在高中阶段的物理、化学、生物等科学类课程中,都强调实验在发展学生核心素养中的重要地位,并且将实验作为"探究实践"或者"科学探究"的重要手段和关键环节。2019年印发的《国务院办公厅关于新时代推进普通高中育人方式改革的指导意见》明确要求"加强科学教育和实验教学"。育人方式变革对实验创新与教学都造成了意义深远的影响。

一、育人方式变革对实验创新的影响

育人方式变革对实验创新的影响具体表现为以下五点:

（1）实验教学模式创新。教师要根据不同的教学内容和教学目标，精心设计、组织学生的实验探究活动，并进行有针对性的指导。例如，在实验设计、实验观察、实验测定、变量控制、实验记录、实验数据分析与处理、实验结论及知识建构等实验探究过程中，引导学生积极思考，勇于动手操作，针对学生可能产生的问题或困难，给予及时的帮助和指导，让学生在实验探究活动中拓展思维，领悟科学本质，学习科学方法，培养科学态度。

（2）实验手段与技术应用的创新。主要包括信息技术与实验教学的整合，基于手持技术的实验改革创新等。例如，为了避免实验的不安全因素或不可控因素，或者方便获得实验数据并迅速进行有效分析，教师可以运用微型实验、计算机模拟实验或基于数字化传感技术的手持技术实验等现代技术手段，提高实验教学效果。因此，科学教师要与时俱进，不断更新现代化教育理念，学习先进技术，大胆使用新仪器、新技术，推进新技术与实验教学的有机融合。

（3）实验教学设计的创新[4]。教师要深刻领会学科课程标准，结合实验教学内容，基于核心素养制定合理、优化的实验教学目标，精心设计实验探究活动，最大限度地调动学生的探究积极性，不断提升学生的实验兴趣和水平，帮助学生从"感觉兴趣"向"操作兴趣""探究兴趣"发展，最终进阶为"创造兴趣"。同时，通过实验探究活动培养学生的科学态度，训练科学思维，发展实验探究能力。

（4）基于跨学科的实验创新。这是中小学课程改革发展的新趋势，是实验教学改革创新的热点，是教师实验教学素养的重要组成部分。在新的人才培养理念和需求下，教师应树立跨学科教学理念，结合学生生活实际，挖掘STEM教育因素，融合物理、化学、生物，以及工程、技术、数学等学科，设计综合性实验，解决真实生活中的实际问题，培养学生的跨学科学习能力、创造性高阶思维能力和创新精神。

（5）实验教学评价创新。教师要及时、适时地评价学生在实验探究活动中的表现情况，充分发挥实验教学评价的激励功能。教师要善于观察学生在实验探究活动中的表现，包括探究实验设计方案、参与态度、小组合作、实验操作技能、实验记录、实验信息处理分析与探究结论、交流分享与评价等情况，发现和表扬学生的闪光点，以发展的眼光、科学的评价理念为学生指明学习和实践的方向，呵护学生对科学的好奇心与求知欲，形成积极可持续的科学学习动机。

二、育人方式变革对实验教学的影响

实验教学是国家课程方案和课程标准规定的重要教学内容，是培养创新人才的重要途径。2019 年，教育部发布了《关于加强和改进中小学实验教学的意见》[5]，主要包含以下八点。

（1）完善实验教学体系。教育部制定中小学实验教学基本目录和操作指南。省级教育行政部门要按照国家课程方案和课程标准要求，将实验教学作为课程体系的重要内容纳入学科教学基本规范，强化实验教学要求；中小学校要针对不同学段教学要求精心设计实验教学内容，组织开展好基础性实验和拓展性实验（含探究性实验、创新性实验、综合性实验）。注重加强实验教学与多学科融合教育、编程教育、创客教育、人工智能教育、社会实践等有机融合，有条件的地区可以开发地方课程和校本课程。

（2）创新实验教学方式。各地各校要丰富实验教学实施形式，综合运用观察、观测、模拟、体验、设计、编程、制作、加工、饲养、种植、参观、调查等多种方式，促进传统实验教学与现代新兴科技有机融合，切实增强实验教学的趣味性和吸引力，提高实验教学质量和效果。对于因受时空限制而在现实世界中无法观察和控制的事物和现象、变化太快或太慢的过程，以及有危险性、破坏性和对环境有危害的实验，可用增强现实、虚拟现实等技术手段呈现。在实验教学中要遵循学科特点，积极推动学生开展研究型、任务型、项目化、问题式、合作式学习。鼓励学校向学生开放实验室，方便学生利用课余时间，以独立或小组合作方式开展实验探究。广泛利用校外资源积极开展科学实验活动。定期举办全国中小学实验教学技能竞赛。

（3）规范实验教学实施。学校要将实验教学纳入教学管理规程，分年级、分学科制订切实可行的实验教学计划。加强实验教学过程管理，确保实验教学内容和课时，严格实验教学程序和规范。鼓励有条件的地方和学校，积极利用信息技术手段开展实验教学管理，探索通过购买服务方式开展特色实验教学或实践活动。

（4）提高教师实验教学能力。各地要对现有相关学科教师实验教学能力进行分析研判，有针对性地制定培训方案，纳入教师培训体系，列入"国培计划""省培计划"。实验室管理员应具备相应的专业技能，一并纳入教师培训体系中，强化岗前培训。鼓励地方教育行政部门与高等学校、科研机构协同在有条件的中小学建立教师实验教学培训基地，强化专业学习与跟岗实践相结合。

加大对中西部贫困地区中小学教师实验教学能力培训的支持力度。师范院校要按照国家课程标准要求，把实验教学能力列入师范类相应专业基本培养目标。各地要将实验教学能力纳入相关学科教师资格考试和教师招聘必备素质考查。

（5）保障实验教学条件。各地各校要按照标准和实际需求建设实验教学场所，支持探索建设学科功能教室、综合实验室、创新实验室、教育创客空间等，鼓励对普通教室进行多功能技术改造，建设复合型综合实验教学环境。要落实教育部颁布的学科教学装备配置标准，保质保量配置并及时更新教学仪器设备，确保消耗性实验材料的补充与供给，满足实验教学基本需求。各地各校要落实实验室管理规程，合理配置实验室管理员，确保实验室规范有效管理。

（6）健全实验教学评价机制。把实验教学情况纳入教育质量评价监测体系，强化对学校实验室建设与管理、实验教学开展情况和实验教学质量等方面的评价。各地各校要合理核定教师实验教学工作量，把教师实验教学能力、教学水平和教学实绩作为相关学科教师职称评聘、绩效奖励等的重要依据。加快畅通实验教学人员和实验室管理人员职称评聘通道，提高其高级职称的比例。把学生实验操作情况和能力表现纳入综合素质评价；在普通高中学业水平考试中，有条件的地区可将理化生实验操作纳入省级统一考试。

（7）加强实验教学研究与探索。各地要加强实验教学研究和教研活动，及时总结推广实验教学典型经验和先进教法，强化对学校实验教学工作的指导。学校要将实验教学纳入校本教研，积极组织相关学科教师开展实验教学校本教研活动。鼓励各地各校积极开展教学仪器设备适用性评价和研究，推动完善教学仪器设备配备标准；开展优秀自制教具评选，鼓励教师自制实验教具。在全国遴选一批实验教学改革实验区、实验校和优质实验教学精品课，发挥示范引领作用。

（8）强化实验教学安全管理。各地各校要切实增强实验教学安全意识，落实实验室安全管理制度，制定实验教学安全预案。市县教育行政部门要会同有关部门制定并完善教学用试剂（药品）中的危险化学品、易制爆危险化学品及易制毒化学品采购、运输、储存、保管、使用、回收管理办法，既要保障实验教学正常开展，又要确保使用安全，达到环保要求。学校要认真落实危险化学品管理办法，健全实验教学安全责任制，定期开展安全风险排查，确保实验场所具备良好的通风、采光、照明、防盗、防火、防爆、防潮、防霉等条件；要加强师生实验教学安全教育，特别是要强化实验室管理人员和实验教学任课教师安全责任意识，提升实验教学安全管理能力。

参考文献

［1］国务院办公厅. 国务院办公厅关于新时代推进普通高中育人方式改革的指导意见［EB/OL］.（2019－06－19）［2023－09－08］. https：//www. gov. cn/zhengce/cont ent/2019－06/19/content＿5401568. htm.

［2］余文森. 育人方式变革的四个体现［J］. 基础教育课程，2021（2）：18－20.

［3］田慧生. 落实立德树人根本任务　全面深化课程教学改革［J］. 课程·教材·教法，2015（1）：7.

［4］林长春. 深化实验教学改革，重在提升教师实验教学素养［J］. 教育家，2023，（1）：18－19.

［5］国务院办公厅. 教育部关于加强和改进中小学实验教学的意见［EB/OL］.（2019－22－21）［2023－09－08］. https：//www. gov. cn/gongbao/content/2020/content＿5492518. htm.

第三章　素养导向下的高中实验教学

第一节　高中实验教学的现状分析

　　建构主义理论和发展性教学理论认为，教学活动在本质上是学生的一种认知活动，学生是教学的主体，所有的教学活动都要通过学生主体的积极活动，才能够转化成其内在的知识与能力，学生应当且必须逐渐增强学习活动的主动性、自主性、创造性。实验是研究自然科学的基础，是帮助学生观察科学现象、认识科学知识、理解科学本质的重要手段和有效途径，同时也是引发学生学习兴趣，使学生主动获取知识、发展能力、提高科学素质的基本途径[1]。那么高中实验教学在现在的高中课堂中开展得怎么样呢？

一、高中物理实验教学现状

　　物理作为一门自然科学领域的基础学科，研究自然界物质的基本结构、相互作用和物体的运动规律，高中物理基于观察实验、建构物理模型、运用数学工具，通过详细的科学推理和论证，最后形成系统、科学、完善的方法和知识体系，实验是物理学研究的重中之重。各个学校的物理实验教学总体开展较好，东部沿海地区比中西部地区重视程度高、开设课程丰富且完整，地区差异较大[2]。物理实验教学主要面临以下问题：

　　（1）大多数学校和主管部门对高中物理实验教学的重视程度不高，学校实验经费不足，物理实验设施的种类、数量不足以满足实际教学需要，许多实验仪器、设备早就已经过时、废旧，急待更新。大多数中学缺少专门的数字化实验室，而且数字化仪器配备较差。学校对教师的考核标准主要依据学生的成绩，忽略了教师对学生实验动手探究能力的培养。

　　（2）高中物理教师对于物理实验教学重视度不够高，许多一线教师教学时存在教学惯性，单纯靠讲授实验、视频实验代替演示实验，用演示实验替代分组实验。长此以往很难通过物理实验教学达到培养学生物理核心素养的目的。教师同时缺少实验教学方面的专业培训，实验教学模式缺乏创新，实验教学水平有待进一步提升。

（3）高中学生大多对物理实验空有热情，缺乏内在动力，学生在教师和家长的引导下只重视应试能力，实际操作、动手能力较弱，创新意识不够。中学物理实验室对学生的开放程度不够，仅仅只有上实验课的时候学生才被允许进入，平时有探究想法时也没有机会进行实验探究[3]。

（4）实验室专职人员的技能培训力度不够，教师自身实验能力有待提升，应该鼓励教师带领学生开发自制实验教具和易入手的探究实验、生活小实验等。

二、高中化学实验教学现状

普通高中化学课程标准中明确指出科学探究是进行科学解释和发现、创造和应用的科学实践活动，要求学生能够运用化学实验、调查等方法进行实验探究，以体现化学实验的重要性。化学实验教学主要面临以下问题。

（1）化学实验的内容选择比较单一，基本是来自教材实验和演示实验，缺少教师自主开发的创新实验和生活实验。实验的评价方式单一，基本上是以学生实验题的考试分数高低作为学生实验水平的评判标准。

（2）由于实验经费的缺乏，大多数中学化学实验室硬件配置较差，跟不上时代的节奏。实验室的数量基本不足，而且实验室的利用率低下，许多中学实验室成了学校临时堆放杂物的场所。实验仪器、药品的补充、更新也不及时。

（3）化学教师自身对实验教学的重视程度不够，同时也缺少实验教学方面的专业培训，学校对教师的评价方式单一，大多以学生考试成绩高低为依据，真正的素质教育很难得到发展，学生的实验探究水平很难提升。平时课堂中教师主要是讲实验内容和带领学生观看实验视频，学生缺少动手实验的机会。课堂中的演示实验以验证性实验为主，缺少真正以探究为目的的开放性实验，学生的探究能力很难得到培养。

（4）学生对化学实验的了解基本来自化学教材，大多数学生对化学实验的重要性认识不足。因为平时学生实验课开设少，所以学生的实验动手能力弱，实验结果往往很难达到预期。

（5）实验室专职实验员的人数和专业性不够，化学实验员缺少专门的实验技能和实验管理能力的培训。

（6）学生在高一、高二的化学课程学习中，面临教学课时不足，实验教学课时更少的问题，部分教师想要开设学生实验课，但是教学进度不允许，导致学生实验探究次数更少。

三、高中生物实验教学现状

生物学是一门以实验为基础的研究生命现象和生命规律的自然科学，教育部明确提出要引导广大中小学校聚焦新课程、新教改目标要求，开齐开足开好实验课，夯实基础学科实践基础，提升科学教育质量，培养学生的科学思维能力、科学探究和实践能力，科学态度和社会责任感。以下为高中生物实验教学的现状。

（1）学校和教师缺少对生物实验教学的重视，教师没有深入地探究生物实验教学的各种方法及有效手段，以致生物实验教学开展过程中，教学观念、实验教学方法落后，学生动手操作能力差，无法紧跟时代发展的步伐。

（2）高中生物实验教学中缺少先进的实验教学方法，由于缺少专业的实验教学培训，大多数生物教师无法用前沿的生物知识以及生物应用案例激发学生学习生物实验的兴趣。

（3）由于资金和设备制约，学校的实验硬件设施和实验条件落后，许多实验室用具无法配齐，导致大部分实验无法正常开设。许多学校呈现学生多，实验器材、实验设备、实验室缺乏的情况，生均教学资源不足。大多数学校实验器材、设施设备落后、陈旧，根本无法有效开展科学实验探究[4]。

（4）高中生物教学课时少，实验教学课时更少，学生独立自主学习意识薄弱，学生较难有效处理好实验探究与传统应试间的关系，导致学生的科学思维内化程度不够。

综合上述分析，可知高中实验教学现状主要如下（图3-1-1）。

（1）大部分城市地区的物理、化学、生物实验室、实验仪器、实验药品等的配置基本能够满足高中实验教学需要，乡镇地区则比较困难，部分乡镇地区缺少正规的物理、化学、生物实验室，缺少必备实验仪器、实验药品，教材上的基本实验开设都比较困难。

（2）绝大多数学校对物理、化学、生物教师的评价方式较为单一，学校主要以物理、化学、生物的学科考试成绩作为教师优秀与否的评定标准，并且大部分学校没有制订针对物理、化学、生物实验教学的专门评价方式和实验教学评价策略。

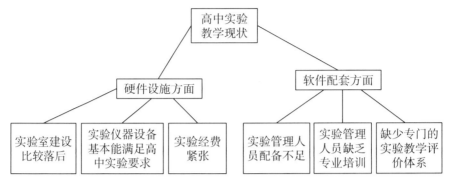

图 3-1-1　高中实验教学现状图

（3）高中实验教学基本上以教材实验为主，而且教材实验多以验证性实验为主，缺乏探究性实验、趣味实验、微型实验、家庭小实验等系列实验的开发与探索，教育部门和学校领导应该鼓励教师开发探究性实验、趣味实验、微型实验、家庭实验，努力让此类实验科学化、系统化、常态化。

第二节　高中实验教学的发展方向

一、不同教学模式下的高中实验教学

（一）ADI 教学模式

论证探究式教学模式（Argument-Driven Inquiry Instructional Model，ADI）是近年来西方一些科学教育专家以建构主义理论为指导思想，倡导的一种新的科学教育教学模式[5]。作为论证教学模式的一种，它将科学实践的核心提取出来，使学生得以建构出对基本的科学组成模块的理解，学生充分分析材料后再开展有理有据的推理和论证，成功理解科学本质，提高论证和科学探究能力、评价能力和小组合作能力[6]。该模式要求学生将自己的研究介绍给同学、对问题做出反馈、进行科学写作、相互评估和修正报告，是一种综合的科学实践活动。传统的 ADI 教学模式包括八个阶段，分别为：提出任务和明确研究问题阶段、设计实验方案和收集数据与资料阶段、分析资源和构建论据阶段、论证阶段、撰写研究报告阶段、学生双盲相互评论阶段、改进阶段和讨论反思阶段。但在实际教学中因课时限制、教学条件等现实因素的限制无法实施所有阶段。为了切实有效地培养学生科学论证能力和批判性思维，掌握科学探究技能，提高学生的生物科学素养，避免形式化教学，保证 ADI 教学模式在高中生物实验教学中的有效性及可行性，本书采用精简后的 ADI 教学模式（如图 3-2-1）[7]。

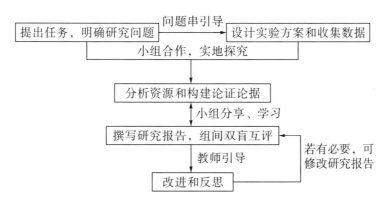

图 3-2-1 精简后的 ADI 教学模式

在传统实验教学背景下实施 ADI 教学模式，设计多样化的师生互动环节，如设计实验方案和收集数据阶段和构建论据、朋辈分享阶段等，首先有利于学生在师生交互、生生交互中发挥学生的主体作用，进而提高学生在课堂中的参与感，为其学习过程不断提供动力。其次是通过构建及论证论据，朋辈分享及反思阶段，学生可在教师问题引导、朋辈思维碰撞的过程中锻炼同辈间的交流和合作能力、促进批判性思维、提高科学推理等能力，从而使自身初步具备科学思维，获得一定的科学论证探究能力。最后，ADI 教学模式下的实验课堂能够让学生体验科学家的身份，亲历真实的科学探究过程，最终深刻领悟科学和科学探究的本质。然而，无论是 ADI 模式的探究性实验教学，还是学生科学探究能力的培养，都需要长期的工作。受限于高中一节实验课的时长只有 40 分钟，因此教师应根据学情灵活设计和安排课时，"微课 + ADI 模式"相结合也是一个不错的选择。若一个课时无法完成 ADI 模式的所有阶段，则课堂一开始的原理讲解及资料分析部分可以制作成微课视频提供给学生课前线上观看；撰写研究报告，组间双盲互评阶段可作为课后作业让学生完成。如果学生不熟悉实验设计和构建论证的过程，应该为学生提供额外的课时进行系统教学[8]。

（二）成果导向教育教学理念

成果导向教育（Outcome-Based Education）理念（以下简称 OBE 理念）

是一种以学生为中心的教育模式，强调学生在学习过程中所达到的实际成果和能力的培养。其核心思想是从教学目标出发，根据学生的需求和特点进行教学设计和评价，促使学生主动参与到学习中并提升其综合能力。OBE 理念突破了传统的以课程为中心的教学模式，注重培养学生的自主学习能力和问题解决能力[9]。该理念的基本原则包含确立明确的学习目标、关注学生的主动参与、强调实际的应用能力、以评价为导向等。

首先，确立明确的学习目标是 OBE 理念的重要基础。教师应该清楚地定义学生需要掌握的具体能力和知识，并将课程的设计和教学活动与这些目标相匹配[10]。其次，OBE 理念强调学生的主动参与，鼓励他们积极探索和构建知识。学生通过自主学习、团队合作和问题解决等方式，深入理解和应用所学内容。此外，OBE 理念也强调实际应用能力的培养，也即使学生在学习过程中养成将所学知识与实际情境相结合的能力，解决现实问题的能力。最后，OBE 理念将评估作为教学过程的重要组成部分，以确保学生对学习目标的达成进行有效监测和反馈。在高中实验教学中应用 OBE 理念可以带来许多益处。它能够使实验教学更加贴近学生的实际需求和兴趣，激发学生主动参与意识的学习热情。OBE 理念还注重培养学生的实际操作能力和问题解决能力，提升他们的综合素养。通过实践探究、团队合作和实际应用等方式，学生能够更好地理解和运用所学的生物知识。OBE 理念还能促进学生的自主学习和批判性思维能力的发展，为他们今后的学习和职业发展奠定坚实的基础。

（三）5E 教学模式

5E 教学框架是美国的生物学课程研究会（Biological Sciences Curriculum Study，BSCS）提出的一种基于建构主义的探究式教学模式。"5E"教学模式有五个教学环节：吸引（Engagement）、探究（Exploration）、解释（Explanation）、迁移（Elaboration）和评价（Evaluation）。五环节均以"E"开头，故被称之为"5E"教学模式。它适用的范围很广，可以是某一节具体课的教学，可以是某一个具体的学科课程教学，也可以是总课程的教学。它的教学核心是"以学生为主体者，教师为引导者，强调学生自主构建知识"。

在教学设计中，利用学生的已有经验、生活实例、实物及科学史等方式创设问题情境，使学生产生认知冲突，激发其学习兴趣与动机，吸引其参与和专注于教学任务；教师借由问题了解学生对研究主题的前概念，帮助学生将现有经验和先备知识进行连接，并引导他们进行实验研究，顺利过渡到下一环节——探究。该环节中，教师要给学生提供直接参与调查或实验研究的机会和条件，使学生全身心地投入对事件或情境的探究活动，以自主探究和合作探究为中心，给学生思考和想象的空间，通过一个或多个探究活动，获得对概念的感性经验。教师指导不宜太多，更不宜直接告知结果。教师作为促进者，引导学生开展小组合作学习，实现经验的共享，将探究活动不断深化。组织学生讨论探究结果，要求学生用自己的语言解释，并提供证据、澄清事实，对自己的经验抽象化、理论化；鼓励学生相互交流，批判性地倾听他人的解释；使学生最终能正确识别和定义新概念。然后，教师针对学生的问题和一些不完整的结果进行讲解、补充和纠正，正式澄清概念，提出解释。学生扩展自己的概念，使其与其他概念相联系，并运用所建构的新概念解释周围世界或新情境，通过新的活动，将自己所获知识与技能灵活应用，解决实际问题。评价由学生、教师、管理者共同完成，既评价学习结果，又评价学习过程。对学习过程中存在的问题一般采用诊断性评价，可通过结构性观察、学生访谈、基于特定项目的档案袋评价等方式来完成。总之，要做到定性与定量、形成性与终结性、自我与他人评价相结合，促使师生通过评价获得进一步改进教与学的必要信息。

和传统的课程相比，全新一轮的课程改革优势尽显，而5E模式的应用展现出的学生主体地位、客观评价等与教学改革的要求不谋而合，因此加强5E模式在实验教学的研究非常重要。

二、不同开展形式下的高中实验教学

（一）高中物理实验教学

1. 专业化发展

专业化发展主要是指高中物理实验的教学过程将更加专业。所谓更加专业，主要体现在以下方面。首先，高中物理实验教学属于高中物理课程教学的一部分，主要还是由物理老师进行授课，在新的教育理念的不断影响之下，未来中学物理实验将会有专业的实验老师进行授课，这样对于高中物理实验教学质量水平也有很大的提升。其次，新理念的影响之下，高中物理实验设备将会不断地更新，实验基础设施的专业化程度更高，这就大大保证了学生物理实验能力水平以及物理知识水平的提升。专业化的发展，使得实验教学中各个方面都变得精确而严谨。这种环境氛围下的实验过程对于学生严谨性意识的培养也有着很大的促进作用。

2. 学生主导性发展

新的教育理念是以学生为中心，充分尊重学生在教学中的主体地位，对于新理念下高中物理实验的发展方向而言，一个重要的体现就是，高中物理实验教学将会留给学生更大的自主空间。学生在一定的要求之下进行自主式的实验操作与实验设计，体现学生主导型的发展。教学实践表明，大多的高中物理实验教学为老师指导，学生按照既有流程进行实验，这就对学生操作有了一定的限制。新理念下的教学，体现了学生在教学中的主体地位，学生主导性的发展是一种必然的趋势。学生主导性发展不仅仅存在于新理念下物理实验教学的发展，在其他课程以及其他教学方向也有着积极的发展趋势。

3. 探索式发展

新教育理念的影响之下，未来高中物理实验还有一个重要的发展方向就是探索式的发展，所谓探索式的发展主要有以下体现。其一，验证性的实验相对减少，设计与探索式实验相应地增多，探索式实验的增多主要是为了不断培养学生的探索意识与创新精神，这是符合教育理念发展潮流的，现实意义很强。其二，在实验教学过程中教师将尽量采用引导式的教学方式，对于实验过程，实验结果的得出，实验数据的处理，完全都是学生全程参与，这对于学生多方面的能力都进行了培养，使得物理实验教学质量大幅提升，对高中物理课程教学成果的提升也很有意义。

（二）高中化学实验教学

1. 化学实验虚拟化

随着信息技术的发展，越来越多的教师开始使用多媒体演示技术，辅以图片和音视频等进行化学实验过程的演示。多媒体便于演示实验过程，视听效果有所增强，但学生不能自主进行化学实验方案的设计并对其过程进行观察和探究，缺乏沉浸感和参与感。而 NOBOOK 虚拟化学实验室（简称 NB）作为一款完全具备探索性的虚拟实验室软件，提供了超强的互动可能性并增强了学生参与实验的沉浸感。学生在虚拟化学实验室内能够进行自由组装实验，所有实验操作均能将实验现象的仿真动画呈现在屏幕上，且实验现象的相关实验数据十分准确。和传统现实实验室相比，NB 具备了低成本、超越时空限制、高度可重复性和安全性的优势。因此，虚拟化学实验室软件的应用能够降低学校教学经费，避免教师因实验室缺乏药品和实验仪器而放弃进行化学实验教学。无论学校是否设有化学实验室，学生和教师都可以不受空间和时间的限制，在虚拟化学实验室软件中进行实验操作。虚拟实验室内的药品和实验器材可以不受限制地获取，因此学生可以多次重复实验操作，掌握实验操作技能和理论知识。大部分学校的化学实验室由于某些药品或实验仪器具备危险性而不允许学生进行操作，而应用虚拟实验室系统则可消除这些安全隐患，同时能够消除学生在安全方面的顾虑。通过开展基于 NB 的虚拟化学实验的教学活动，能够有效地调动学生参与化学实验的积极性，从而能够更好地开展化学实验教学。随着信息技术的进一步发展，虚拟化学实验室以其多方面的优势成为改善化学实验教学的新工具。虚拟化学实验室已被应用在很多发达地区的中学课堂中，化学实验虚拟化将成为未来化学实验教学的发展方向，将在培养学生化学核心素养方面发挥重要作用。

2. 化学实验微型化

化学实验微型化是通过改进化学实验，简化其操作，从而以少量药品和小型实验仪器开展实验，对降低有害物质生成和实验风险有重要作用，同时能够带来更加明显的实验现象。在实验教学中开展微型化学实验能使学生有更多机会参与进来，对于学生进行定性实验验证具有重要意义。在化学实验教学中进行微型化学实验的演示能够将实验损耗降低 90% 以上，其具有现象明显、污染小且速度快的优点，能够在化学实验课堂中发挥其显著的教学功能，化学实验微型化已经成为化学教学改革的重要方向。微型化学实验重在提高学生主动参与的积极性，不仅强调实验过程，更强调学生的学习方法和过程。化学实验微型化能够使学生由被动接受实验现象和模仿实验过程转向主动思考和探究实验过程，使学生的科学实验思维和创新意识得以培养，因此微型化学实验教学将成为化学实验教学发展的重要方向。

3. 化学实验生活化

化学与现实生活紧密相关，人们日常的衣食住行中处处能找到化学的身影。化学实验生活化即通过选取与化学相关的生活资源，反过来再将生活资源与化学实验相融合。通过将化学实验与现实生活相联系，能够有效激发学生学习的兴趣，同时能够培养学生应用化学理论知识解决实际生活问题的能力，使学生做到将理论知识和现实应用相结合，利于提升学生化学核心素养。教师应结合生活常见现象和社会热点，在高中化学实验教学中加入相关的小实验，可以将课堂与生活时事联系起来。学生在生活中也可将掌握的实验理论知识与现实生活现象进行关联印证，这样便能达到提高实验教学质量，提升学生灵活应用知识的能力的目的。化学实验生活化对提高学生化学核心素养有着重要作用，同样是未来化学实验教学的发展方向。教师将化学实验虚拟化、微型化和生活化的教学模式应用于化学实验教学中将成为化学核心素养视域下高中化学实验教学的重要发展方向，能够多方面提升实验教学的质量。对于充分激发学生参与实验的兴趣和调动学生学习的积极性有显著帮助，能够提高学生动手实践能力，培养学生科学实验思维和实验探究的能力，对培养学生化学核心素养有重要意义[11]。

（三）高中生物实验教学

1. 生物实验虚拟化

虚拟实验是利用计算机、网络等先进技术，为学生创造生物实验场景，利用虚拟实验完成生物实验教学。将虚拟实验应用于高中生物实验教学中有利于提升教学效率与质量，也能够大幅地提升生物学习效率，从而节省大量的教学成本，也能够避免实验材料与设备出现过度消耗的问题，并保障学生自身的安全。在传统教学模式下，让学生参与到实验中具有一定危险性，为了保障学生在实验过程中的安全，学校都制作了较为繁多的实验操作规章，如此则导致学生在实验过程中常常束手束脚，难以体会到实验的乐趣，同时由于实验条件容易受到影响，即便有教师的指导，学生也会犯下各种错误，导致教师只能够采取演示实验的方式完成实验教学。因此，不管是从任何角度来看，虚拟实验都成为高中学校进行生物实验教学的重要手段。例如，利用虚拟实验能够让学生先练习实验操作，熟练掌握实验步骤与过程，了解实验过程中各种注意事项，为其之后的实际操作打下良好基础，如此不仅能够大幅地提升其自身了解程度与认识程度，还能够规避实验风险，降低实验损耗。另外，虚拟实验还能够为学生创造良好的操作环境，解决传统实验存在的缺陷。利用虚拟实验进行生物实验教学打破了时间以及其他条件的制约，学生可以自由进行操作，并且还能够监测评价实验操作情况，了解学生学习的薄弱处，为教师教学计划的调整提供依据[12]。

2. 生物实验生活化

在新课改背景下，生活化教学理念已经深入人心，学生逐渐转变为综合型人才，因此教师要重视生活化教学理念，鼓励学生积极参加社会实践活动，学以致用。生活中处处都有生物知识，这也是高中生物教学中的一个难点。生物实验不仅能够培养学生的观察能力、思维能力，同时还可以加深学生对课本知识的理解。在生物实验教学中创设生活化情境是激发学生学习兴趣的重要手段之一。将实验与学生日常生活联系起来，使他们能够亲身参与、观察和实践，从而增强学习的动机和兴趣。生活中有很多事物都可以用来进行实验，如植物的生长过程、动物的生长发育以及人体的新陈代谢等。对高中生物教师来说，应该学会挖掘身边的生物实验素材，让学生能够充分参与到实验中。实验教学不仅可以加深学生对课本知识的理解，还可以提高学生的动手能力、观察能力、思维能力以及表达能力。由此可见，生活化背景下的生物实验教学可以很好地提高生物教学质量[13]。

第三节　高中实验教学的探索路径

党的现代教育方针，把立德树人作为根本任务，要求大力发展素质教育，培养具有创新意识和创新能力的新时代中国特色社会主义接班人和建设者。随着新课程改革的深入推进和素质教学的不断落实，在中学实验教学方面需要构建与课程标准相适应的学科实验教学课程体系，提高教师的实验教学能力，切实培养学生的实验素养能力。为此，需要从多个渠道充实实验教学资源，丰富和改进实验教学方式，借助趣味实验教学激发学生科学探究的兴趣和热情，鼓励学生动手探究，在"做中学，学中悟"，最终将实验探究所学的知识用以解决生活中的问题。针对高中实验教学的现状及发展方向，对于如何更加有效地开展高中实验教学，提出如下的探索路径。

一、强化师生开展实验教学的意识与能力

长期以来，一些学校不同程度地存在着诸如实验室数量不足和实验器材短缺、实验教师配备不足、实验课时安排不够等客观现实问题，加上应试升学的压力，使得相当部分的高中师生对实验教学没有足够重视，甚至以讲练实验题目替代实验教学。这样的情况对于物理、化学、生物等以实验为基础的自然学科来讲，无疑是巨大的悲哀。

首先，教师和学生都应该认识到，开展实验教学不仅可以探究并获取学科知识，而且在实验的过程中可以逐渐强化学生科学探究的能力，提高学科素养和培养科学情怀。开展实验教学需要师生（尤其是学生）实践动手，踏踏实实开展实验。当教师进行演示实验时，学生与经历实验现象的观察过程，有利于培养学生获取信息的能力；学生亲身经历了采集实验数据并进行分析处理的过程，就会对实验的原理和方法有更加深刻的认识；学生经历了实验结论的总

结、误差分析与评估，小组分享和交流等过程，就会强化他们自己反思总结的意识和交流表达的能力。扎扎实实开展实验教学能培养学生的意识和能力，形成学生在实验方面的素养。

其次，师生应该要认识到，扎扎实实开展实验教学本身与应试升学并不冲突。学生真正经历了实验的过程，会对实验的原理、实验的步骤以及数据处理以及误差分析等有更加深刻的印象，也会使得学生在面对纸笔实验题目时得心应手。另外，随着近年招生考试的改革，高考越来越着重于知识的理解和拓展应用，以选拔具有创新意识和实践能力的高素质人才。实验教学是培养学生的相关能力的一大抓手。

落实好实验教学，有利于培养学生的实验探究能力、创新意识和创造能力。

二、构建完善的实验教学课程体系

开发完善实验教学课程体系，是顺利开展高中实验教学的保障。根据高中实验教学的实际情况，高中实验课程可分为基础性实验、拓展性实验和创新性实验[14]。

（一）基础性实验

为了提高学生最基本的实验素养以及应对高考选拔的需要，按照各个学科的课程标准要求，开展教材中的基础实验教学。

首先将高中阶段物理、化学、生物等自然学科的基础实验进行梳理分类，整理汇总。无论是验证性实验还是探究性实验，都可以按照以下方面——实验目的、实验原理、实验器材和装置、实验操作步骤、实验数据记录和处理、实验结论分析和评估、反思和改进进行梳理。将各个学科梳理之后装订成册，师生人手一本，以备实验时使用。

为了提高教师对学生指导的有效性以及强化学生的实验操作的规范性和安全性，在学生正式开展实验探究之前，实验老师可以带领学生先行学习实验手册有关内容，以明确实验目的、原理以及操作步骤，做到心中有谱。另外，实验教师还可以提前录制一些实验的微视频供学生观看，让学生对于实验操作中的注意事项有更加深刻的印象，可以提高实验效率，更好达成实验目的。在正式开始学生实验时，可以将学生分组，组员之间相互合作开展实验探究。

学校统一制定《实验操作规范》和《实验评价细则》，并按照实验评价细则对学生实验开展学生互评和教师评价，引导学生实验操作的规范化和科学化，提高学生基本的实验素养。

（二）拓展性实验

为了丰富实验教学的内容，激发学生实验探究的热情，打破学生开展实验研究的时空局限，开发一系列拓展性实验课程显得尤为必要。

一方面，可以借助家庭生活的实验素材，开展家庭拓展类实验。在日常生活的许多场景中都蕴含着丰富的科学知识，因此可以充分挖掘日常生活的实验素材，开展家庭项目实验，将学校的课堂实验延伸到课后学生家庭实验。比如在学习物理的电学部分时，请学生将家里的各个用电器按照纯电阻和非纯电阻分类，了解常见电器的基本工作原理，并利用电器铭牌上的参数计算分析能量转化的情况，使学生树立节约用电和安全用电的意识。再比如，可以开展"厨房中的化学知识"项目研究，无论是各种常见食物的化学元素营养物质的分析，或者烹调过程中的化学反应原理，无不包含着丰富的化学知识。还可利用学过的生物和化学知识，设计实验开展"如何让蔬菜水果更长时间保鲜"的研究。这些家庭实验可激发学生的探究兴趣，拓宽学生的视野和提高解决问题的能力。分学科整理拓展性家庭实验的内容，可完善课程体系。

另一方面，利用数字化实验器材和配套的软件系统，开展 DIS 拓展类实验。对于实验中某些微小的量，不便于宏观测量和直接观察，或测量的精度无法达到预期，那么借助 DIS 实验系统开展数字实验（图 3-3-1），可以提高实验的有效性和精确性。教师选取一些合适的实验课题，开发数字拓展性实验课程，作为传统实验的补充和拓展。

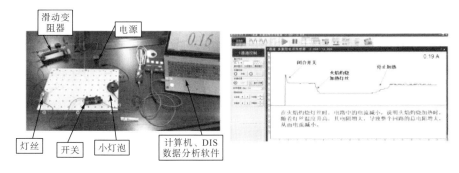

图 3-3-1　DIS 探究灯丝电阻率与温度的关系

比如物理学科中可以借助电流传感器、电压传感器精确测出微小的电流和电压，在描绘小灯泡的伏安特性曲线、测量电源电动势和内阻、测定金属的电阻率等实验中均可以用电流电压传感器快速精确获取数据，并借助配套的软件系统快速处理数据，生成实验图像，从而提高实验的效率和精确度。借助磁感应强度传感器可以开展磁场相关的拓展实验；借助位移传感器和力学轨道及其附属配件可以开展许多力学实验，如 DIS 探究加速度与力和质量的关系，研究小车的速度时间关系；借助温度传感器和压强传感器开展热学方面的实验，如 DIS 探究理想气体在等温变化时压强与体积的关系。

在化学学科中，一样可以开发许多数字拓展性实验。比如氢氧化钠和二氧化碳的反应无明显现象，因此难以直接判断反应是否已经发生，那么可以利用传感器测出压强、温度和 pH 值，从而可以准确判断反应是否已经发生。在物理化学生物等学科中开发数字性拓展实验可以强化师生主动利用科技手段开展实验研究的意识，可以更为高效和准确地获取和处理数据。

（三）创新性实验

随着新时代科技的发展，社会对人才的要求越发注重创新能力和实践能力，因此高中阶段开发创新性实验课程以强化学生的创新创造能力。开设的课程可以从当前科技发展前沿问题中选取适合高中生研究的小课题，或者从实践中寻求灵感，把一些具有实用价值的问题设置成实验课题，开发整合成创新性实验课程。

近年来人工智能技术在工业生产和日常生活的应用普及，说明人工智能是未来的一个趋势。学校可以组织开设微机编程、3D 激光打印、机器人竞赛等专业的实验选修课程，还可以组织高中生参与各项专业技能训练大赛，激发学生的学习热情。对于某些实验条件不允许的学校则可以寻求社会力量如各种科技场馆或者高校科研机构的帮助和合作。

三、运用丰富的实验教学方式

随着课改的深入，实验教学的方式也应当有所改进和变革，应以学生为主体，根据不同的实验内容采取丰富多元的实验教学方式，提高实验教学的效果。

在针对全体学生开设的基础性实验方面，对于实验的理论部分可以直接采用传统的讲授式教学，或者通过老师提前录制的实验微课视频供学生自主学习。对于实验室实验操作课，则大多可以采用小组合作的方式展开，能够培养学生的团结协作和沟通交流能力。

对于拓展性实验和变革创新性实验方面，可以组建学科社团，点燃学生实验研究的热情。学校层面创建物理社、化学社、生物社团等，为学生提供开展实验研究和交流展示的平台。社团老师可以带领学生外出到高校实验室、科技场馆的科技展览会等参观学习，拓宽视野；定期组织学生开展实验技能大比拼竞赛活动；组织学生分享实验成果或开展心得交流会；指导学生撰写科学实验报告和科技创新论文……

四、完善多元的实验教学评价机制

为了准确地考核实验教学的有效性，制定科学公正、全面多元的实验教学评价机制就显得尤为重要。

从考核和评价的内容上来看，既要考查学生的实验纸笔测试，又要考查其实验操作实践动手能力，还要考查学生平时实验课参与表现[15]。对实验原理和理论、主要方法和要点，以及实验注意事项等可以通过纸笔测试来完成考核。而实践动手和实验能力的考查可以从学生实验操作的规范性、实验报告完成的情况（比如实验报告各个项目是否完整，数据处理是否科学，图像是否清晰，结论和反思是否合理等）来综合评判。

从评价方式上来看，一方面可以采用学生之间的互相评价，尤其在实验小组开展合作探究性实验时，组员互相了解大家在探究过程中的具体表现；另一方面可以采用教师对学生的评价，实验教师针对实验纸笔测试结果、实验报告完成情况以及参与课外拓展类实验取得的成果情况对学生的实验综合素质进行整体性评价。在生生互评时，学生能够看到彼此之间的优点和薄弱之处，从而取长补短，在竞争合作中共同进步。而教师的综合性评价则同时兼顾了过程性评价和结果性评价，科学完善。最后形成学生的综合实验能力评价报告，促使学生不断进步。

参考文献

[1] 邵守灿. 高中化学实验教学中学生主体性现状的调查及分析 [J]. 化学教育，2001（12）：28—30.

[2] 苟少荣. 高中物理实验教学的现状分析与思考 [J]. 中学教学参考，2017（8）：75.

[3] 张维宇. 高中物理实验教学的现状与应对策略分析 [J]. 高考，2020（30）：55—56.

［4］陶颖婷. 高中生物探究性实验教学现状分析及其教学策略［D］. 广西师范大学，2012.

［5］陈川瑜. 国内 ADI 教育研究综述［J］. 广西教育，2017（2）：16－7＋40.

［6］徐小颖，金英善，吴晓霞，等. 论证式教学在高中生物学教学中的应用［J］. 中学生物教学，2022（36）：11－4.

［7］DEMIRCIOGLU T，UCAR S. Investigating the effectof argument－driven inquiry in laboratory instruction［J］. Educational Sciences：Theory & Practice，2015，15（1）：267－83.

［8］李苢萱，朱夏媛，欧娅，等. ADI 教学模式在高中生物学实验教学中的应用——以"调查草地中某种双子叶植物的种群密度"为例［J］. 教育与装备研究，2023，39（9）：19－22.

［9］潘允明. OBE 理念在高中生物实验教学中的应用策略探究［J］. 高考，2023（25）：138－140.

［10］杨文佳，刘燕，许抗抗，等. OBE 驱动创新人才培养模式在基因工程实验教学中的应用［J］. 轻工科技，2021（12）：3.

［11］王婧. 基于创新理念的高中生物实践课教学研究［J］. 中学课程辅导（教学研究），2021（3）：28.

［12］余晶晶. 高中生物虚拟实验教学的实践创新研究［J］. 高考，2023（26）：150－152.

［13］邓海群. 生活化背景下的高中生物实验教学分析［J］. 考试周刊，2023（33）：108－111.

［14］徐军民，刘琴，张志勇，等. 中学实验教学改革路径探索［J］. 现代教育，2022（1）：51－54.

［15］戴祎. 新课标下高中物理实验教学改革路径探索［J］. 智慧理科天地，2020（4）：104.

第四章　素养导向下高中实验创新策略研究

第一节　素养导向下高中实验创新内涵与意义

一、素养导向下高中实验创新的内涵

创新是指以基于现有的思维模式提出有别于常规或常人思路的见解为导向，利用现有的知识和物质，在特定的环境中，本着理想化需要或为满足社会需求，而改进或创造新的事物、方法、元素、路径、环境，并能获得一定有益效果的行为[1]。它主要包括创新能力、创新意识、创新思维、创新技能。创新能力是指运用一定的知识和理论产生某种独特、具有社会价值或个人价值的新思想、新观点、新方法和新产品的能力。相应地，可以将中学生创新能力理解为学生运用已掌握的基础知识和学习材料，提出问题、分析问题和创造性地解决问题的能力。创新意识是实现创新的前提与动力，主要用于提出问题。创新思维是连接创新意识和创新技能的桥梁，主要用于分析问题，缺乏创新思维的创新意识将会成为不符合实际的空谈，没有创新思维的创新技能也只能是徒劳。创新技能是将创新思维转变为创新成果的中介，主要用于解决问题。如果没有创新技能，只会产生美好的创新设想，而不能将其变成现实。

实验创新也并不神秘，它是一个源于实践、始于问题、系于思考、回归实践的过程。高中实验创新是在高中理科课程（主要是物理、化学、生物课程）教学中开展的继承性创新实践活动，并非高不可攀的创造性创新。实验创新是为了更好地完成现有实验教学活动，对客观存在的问题不断发现、研究和解决的过程，即为了提高实验效果，不断变革实验活动、优化实验活动的过程。实验创新就是在科学课程实验教学的过程中，不断发现问题、研究问题和解决问题，做好实验思路拓展、操作改进、器材革新和方案优化的过程。

二、素养导向下高中实验创新的意义

（一）促进学科观念的形成

学科观念是指在一定背景条件下形成的能够反映学科本质，并集世界观、价值观和方法论于一体，且更能广泛适应、灵活迁移和深刻解释的观念[2]。学生的学科观念与核心素养难以在静态的学科知识学习中生成，需在真实的问题情境中予以激发，在创新的学科实践中促成发展。作为学生学科核心素养的关键组成部分，学科观念既指导着学科实践，也在学科实践中获得深化。

正确观念的形成需要对实验现象仔细观察、对现象分析和概括、对规律探究和总结，这些统称为知识学习的过程，也是正确观念形成的基础。在培养学生核心素养的教育背景下，加强实验创新与优化，能有效提高学生的参与度，实现概念的深度建构，关注知识的生成与进阶，提高学生的思辨能力及其对知识的迁移与运用能力。创新实验情境，让教学基于学生的经验生长，从而生成自己的学科观念；同时可以帮助教师以更广阔的视角，全面、深刻地理解学科课程的教育价值，以学科观念引领学科教学，把凝练在具体学科知识中的观点、思想及方法，内化为学生的思维习惯和行为习惯，最终提高学生的学科核心素养。

（二）促进学科高阶思维的培养

学科思维指某一学科在思考问题、处理问题时的基本视角与方法，以及探寻这些视角与方法的思维模式，乃至蕴藏于这些视角与方法背后的观念。有研究认为，学科思维处于学科核心素养的最上层，是学科课程的灵魂[3]。每门课程都有其独特的学科思维，并且学生能够通过掌握这种思维来学好这门课程。不同于结论性知识的学习，学科思维的发展必须依赖学生深度地参与学科活动。学科思维能力是在一般思维能力基础上，结合学科知识学习特点形成的特有的思维能力。

在理科教学中，学生实验分析能力是学科高阶思维能力的重要组成，以实验创新为抓手，助力学生建立知识体系、培养学科高阶思维。在具体的实验教学过程中，需要教师设定探究路线，维持实验教学推进方向；创设实验情境，提升实验教学吸引力；融入高阶思维，钻研实验教学深度；开展实验评价，升华实验成果。最终，在实验中完成深度学习目标，着力实现高中新课程改革要求，促进学生学科知识的高质量掌握和学科核心素养的有效培养。

（三）促进学科探究能力的培养

探究能力是理科课程标准明确要求的几大能力之一，是从事科学探究所必需的能力，一般包括五个主要环节：发现问题并提出问题，推测假设合理，制订方案设计实验，开展实验与收集资料，分析论证与评价。这说明科学探究本身就包含实验分析和科学验证的成分。据此本书将"实验探究能力"界定为：独立完成基本的学生实验，能针对具体探究的问题根据已有条件制定实验探究方案，根据实验数据形成合理结论并做出科学解释和评价的能力。显然，实验探究能力是探究能力在理科实验教学中的具体化体现。

高中理科学科新教材中包含大量的实验探究内容，是培养学生学科探究能力的良好素材。将这些实验资源进行合理应用或深度加工后，运用于教学，效果会更好。在实验探究活动开展的过程中，教师还要善于启发、鼓励，并提供机会让学生发现新问题，提出新观点，设计新方案，形成创新实验，从而促进学生的学科探究能力的培养。

（四）促进创新意识发展

提出一个问题往往比解决一个问题更重要，因为解决问题也许仅仅是一个教学上或实验上的技能而已。而提出新的问题和新的可能性，从新的角度去看旧的问题，都需要有创造性的想象力，而且标志着科学的真正进步。

创造性是教师劳动特点之一，教师创造性地教，学生才会创造性地学，才能学会创新。教师在实验教学中不能照本宣科，墨守成规，要勇于创新，优化实验设计，通过改变实验装置、变化实验步骤、更换实验药品等，使操作更方便、现象更明显，更符合学生的认知规律，从而提升教学效果。也可以变化实验方式，如变验证性试验为探究性实验等，还可以根据需要增设一些实验。这都是教师创造性的具体表现。更重要的是教师的创新将会给学生带来潜移默化的影响，有利于培养学生的创新意识。

第二节　素养导向下高中实验创新的设计策略

一、素养导向下高中实验创新的设计原则

（一）目的性原则

素养导向下实验创新应当秉承"目的性原则"。实验课程不同于理论课程，往往又密切联系理论课程，在要求学生了解理论知识的基础上，还要学生具有一定的实验技术知识和实验动手能力。让学生通过实验教学活动，达到新课程标准规定的实践能力要求。为了保障实验课程发挥预期的教学作用，创新实验的设计必须有目的性，这一目的需要和课程的教学目的紧紧结合，保障实验的创新发展方向和整体的授课方向一致，且互相之间能够达成良好的配合关系。

（二）科学性原则

"科学性原则"是实验创新应当秉承的另外一个原则，实验课程创新对于教师而言是一个较大的挑战，需要教师有过硬的专业知识，同时也需要教师有足够的教学能力和课程创新能力。在教师对于高中的实验课程进行创新改革时，可能对课程的授课模式和内容进行一定的更改，教师应保证更改之后的实验课程贴合教材的整体逻辑。也就是说其包含两个方面的科学性：一方面指的是授课逻辑的科学性，要保证课程符合整体课程体系，拥有足够的科学支撑；另一方面是课程内容的科学性，要保证课程内容和学生这一阶段的接受能力及知识架构相契合。这一课程内容的学习能够让学生形成更加完善的知识网络，并且这一课程的学习能够和之前与之后的学习构成相应的阶段式学习架构。

（三）可行性原则

对于高中阶段的学生而言，其实能够提供给教学主体来进行实践创新的容错空间是相对较小的，这是由于高中阶段的学生更加注重高考内容的学习，一旦有限的时间内出现可行性不高或是质量不高的实践创新，对于学生的课程安排和学习资源安排都会产生巨大的不良影响。因此为了保障学生的学习资源和学习进度不被影响，创新主体应当对于实践创新保持慎之又慎的态度且对其进

行多次论证，对于创新内容进行全方位的考量和测评，保障实践创新的方向与内容具有相应的可行性，真正做到对学生负责。

（四）安全性原则

任何课程的安全开展都是其推进的核心保障与基础前提。实验创新的设计，必须以"安全性"作为核心原则，在每一个环节之中都要确保师生的安全操作，对于每一个手动操作的环节可能产生的危害后果，都做好相应的安全预案。提前准备好灭火器、医药箱等急救物资，一旦出现危急情况，确保第一时间能够控制住险情，及时帮助师生脱离危险。做好安全保障的设计工作以外，在设计过程之中还需要尽量以安全的实验来代替不安全的实验，以低安全风险的实验来代替高安全风险的实验，尽量使用相对更安全的材料，从多个角度多个层面，将实验课程的风险降至最低。

（五）高效性原则

"高效性原则"指的是进行高中实验的创新设计时需要考虑到整体实验操作的高效性和教学流程的高效性。实验操作在整体课程中所占据的时间要相对合理，如果实验操作时间太长会增加课程的安全隐患，同时也会拖延整个教学的进度，不利于教学效果的发挥；如果实验操作时间太短，则难以让学生体验实践的过程，这将不利于他们动手能力的培养。因此在设计过程之中，设计者需要尽量以高效作为核心的设计目标，通过科学合理的时间设计，最大化发挥学习效果。教学流程也应当在设计时以高效性作为设计原则之一，通过高效合理的教学流程设计，使学生能够在逻辑紧密、系统方向清晰的情况下清楚了解课程的架构，同时培养其逻辑思维能力。

（六）直观性原则

"直观性原则"指的是教师在设计高中实验时需要保证实验的过程和实验的结果，尽量以直观的形式呈现在学生面前。通过贯彻落实直观性原则，学生可以全程直观地感受到教师在操作实验时的每一个步骤的细节，从而更好地理解每个步骤的效果，并和课本内容建立更深层次的联系。直观性原则对于学生的要求并不高，但是对于教师的要求则相对较高，在直观性原则的影响下，教师需要在进行示范性实验操作时尽量做到精确无误，需要过硬的专业能力和动手能力作为保障。

（七）趣味性原则

趣味性原则是高中实验创新的特别要求，是为了让学生对实验本身及教学内容产生更强的兴趣，从而提高学生的注意力，让学生更好地发挥自身的主观能动性。在实验创新设计中，设计主体应当高度重视趣味性，融合学生感兴趣的事物到实验之中，以此来引导学生主动地投入学习和思考。

二、素养导向下高中实验创新的选题策略

随着教育改革的不断深入，实验教学在高中教育中的地位日益凸显。实验教学是培养学生学科素养的重要途径，而实验创新则是推动实验教学发展的重要动力。在素养导向下，如何选择实验创新选题，成为学校亟待解决的问题。本书接下来将从对现有教材实验进行改进、对疑难知识点设计新实验、结合考题设计创新实验、结合热点问题设计创新实验、结合新技术新设备创新实验以及引导学生参与设计创新实验六个方面展开分析讨论。

（一）对现有教材实验进行改进

教材中的实验往往是经典且基础的，但可能存在一些缺陷或不足，如实验效果不明显、实验操作复杂、实验材料不易获取等。对现有教材实验进行改进，不仅可以完善实验内容，提高实验效果，还能培养学生的批判性思维和创新能力。因此，对现有教材实验进行改进是实验创新的重要途径之一。在选题时，教师应首先对教材实验进行深入分析，找出其不足之处，然后结合实际情况对其进行改进。引导学生从实验原理、操作过程、实验材料、实验结果等方面寻找改进点，通过对比实验等方法评估改进效果。

【高中物理案例】

高中物理实验是培养学生科学素养和动手能力的重要环节。然而，在实际教学中，一些实验由于设备、操作难度、安全性等因素，难以达到预期的教学效果。因此，对高中物理教材中的实验进行改进显得尤为重要（表4-2-1）。下面是高中物理教材中，可以进行改进的部分实验的分析。

表 4-2-1 高中物理教材实验改进部分示例

实验题目	教材实验方案分析	改进方案简述及分析
验证牛顿第二定律	实验中需要使用打点计时器,操作复杂且误差较大。	采用光电门传感器,直接测量瞬时速度,简化操作并提高测量精度。
验证机械能守恒定律	使用打点计时器,操作复杂,纸带容易断裂。	使用光电门计时,操作简单,结果更准确。
研究平抛物体的运动	使用描点法描绘平抛轨迹,误差较大。	使用平抛仪,减小误差,提高准确性。
验证动量守恒定律	使用碰撞摆实验,操作复杂,精度不高。	使用光电门计时和平抛仪等设备,减小误差,提高准确性。
探究欧姆定律	滑动变阻器调节困难,且不易观察电阻值变化。	使用数字电位器,通过数字接口实时显示电阻值,提高实验精度和可操作性。
探究电磁感应现象	需要使用大型线圈和强磁场,实验设备庞大且难以操作。	采用小型线圈和可调节电流的电源,通过观察感应电流大小来探究电磁感应现象,简化实验设备和操作过程。
单摆实验	通过观察单摆的振动周期,研究单摆的振动规律。传统实验方法中,人为因素对摆长和角度的测量影响较大。	采用激光测距仪和计算机控制技术,实现单摆摆长的精确测量和角度的自动控制,提高了实验的准确性和可靠性。
落体运动实验	实验中通过观察小球从一定高度自由下落,记录下落时间。操作简单,但误差较大,时间测量不精确。	使用光电门传感器代替手工计时,精确测量小球下落的时间,提高了实验的准确性。
弹簧振子实验	通过观察弹簧振子的振动,分析其振动周期和能量传递。手动操作误差较大,影响实验结果。	采用计算机控制技术,实现弹簧振子的自动化振动,减少了人为误差,提高了实验精度。

对高中物理教材中的实验进行改进,可以有效解决原实验中存在的问题,提高实验教学效果。为进一步优化实验教学,建议教师关注实验教学的前沿动态,不断学习新的实验教学理念和技术;同时,学校应加大对实验设备的投入,为实验教学提供更好的条件。

【高中化学案例】

无风环境下氨气与氯化氢的反应

普通高中教科书化学必修第二册（人民教育出版社 2019 年版）第 214 页有演示实验"氨与氯化氢反应"。实验原理为 $NH_3 + HCl = NH_4Cl$。操作方法为：将蘸浓氨水与蘸浓盐酸的玻璃棒靠近。实验现象为：玻璃棒周围出现大量白烟。

教材实验的不足：因受空气流动影响，反应产生的白烟形态杂乱，不易分辨反应发生位置，也不易做到细致观察白烟现象。

改进创新为"无风环境下浓氨水与浓盐酸挥发气体的反应"。

（1）分别取少量浓氨水和浓盐酸于小烧杯中，将两烧杯靠近放置，观察反应现象。

（2）用透明玻璃钟罩罩住上述小烧杯，形成无风环境，观察挥发气体的反应。

（3）用棉花分别蘸浓氨水和浓盐酸，放置于硬质玻璃管两端，并用橡皮塞塞紧玻璃管两端，形成无风环境，观察挥发气体的反应，记录在玻璃管中部产生白烟的位置与时间，拍摄实验实录。粗略计算 NH_3 和 HCl 的扩散速度。

改进效果：能清晰分辨产生白烟的位置，能细致观察产生的白烟的形态。

【高中生物案例】

高中生物学教材中包含多种多样的实验，以人教版（2019）高中生物学教材为例，"探究实践"模块就呈现了如"使用高倍显微镜观察几种细胞""观察根尖分生区组织细胞的有丝分裂"等观察类的实验，有"探究酵母菌细胞呼吸的方式""探究环境因素对光合作用强度的影响"等探究类实验，有"检测生物组织中的糖类、脂肪和蛋白质""绿叶中色素的提取和分离"等提取鉴定类的实验，也有验证类、调查研究类、模型建构类等实验。除此之外，教材正文和"思考讨论"等模块当中也出现了大量的科学史经典实验，如"生长素的发现过程""对细胞膜结构的探索""对细胞膜成分的探索"等实验相关内容。

教师可以从教材中呈现的这些实验中着手思考，留心观察课堂和生活中的细节，尝试对现有教材中的实验进行改进。当然改进教材实验的目的是更好地提升学生核心素养，所以应当结合学生学情和教学条件等因素综合考虑。例如"绿叶中色素的提取和分离"，教材中建议用新鲜的绿叶（如菠菜的绿叶）作为实验材料进行实验，有学生就提出是否能用白菜叶、韭菜、小葱等其他蔬菜进行实验。于是在做实验时可以让学生各自从家里带一些冰箱里的蔬菜分别进行色素的提取和分离，最后通过比较实验结果可以得知不同蔬菜的色素含量是不同的。此时部分有好奇心的学生又产生新的疑问：红色的月季和紫色的洋葱，它们含有的色素和绿叶中的色素有什么区别？针对疑问，教师可以安排拓展实验，以月季和洋葱为实验材料在课余时间再次进行实验，结果发现难以在滤纸上观察到明确的实验现象，通过查阅资料发现植物液泡和叶绿体中含有的色素种类是不同的，液泡中的花青素是水溶性的，因此难以用层析液分离。通过学生提问引发新的问题，进而开展实验进行探究，将提取鉴定类的实验转换成探究类型的实验，这个过程中学生科学思维和科学探究的能力都能够得到提升。

（二）对疑难知识点设计新实验

在高中教材中，有些知识点较为抽象，学生难以理解。传统的教学方法往往侧重于理论讲解，缺乏足够的实验支持，导致学生难以将理论知识与实际相结合，影响学习效果。针对学生难以理解或掌握的疑难知识点，设计具有针对性的新实验是一种有效的创新方式。在设计新实验时，教师应充分考虑学生的认知特点和知识储备情况，选取学生普遍感到困惑的问题，选择合适的实验方法和材料，使实验结果更加直观、易懂。通过新的实验设计和教学，可以帮助学生更好地理解疑难知识点，提高其学习兴趣和自信心。

【高中物理案例】

用运动传感器研究竖直上抛运动

竖直上抛运动是教学难点，主要有以下两个原因：首先，由于缺乏定量实验基础，学生难以理解竖直上抛运动的本质。这种往返运动过程不易用学生熟悉的打点计时器进行研究，导致学生难以接受"竖直上抛运动在上升阶段与下落阶段加速度相同"的观点。此时，学生还未学习牛顿第二定律，无法从受力角度分析上抛运动。其次，学生对于将竖直上抛运动全程视为匀变速直线运动、运动学公式仍然适用这一点，也难以接受。

为了解决这些问题，教师需要在教学中引入运动传感器（图4—2—1、图4—2—2）。首先介绍运动传感器的工作原理，让学生认识到其采集的数据是可信的。利用超声传感器测量距离，通过连续产生超声波并将运动信息转化为电信号，由连接的计算机完成数据处理。如果知道物体在各个时间点距离传感器的距离，就可以推算出物体的速度和加速度。但需要注意的是，实验过程中存在限制，完美的竖直上抛很难实现，且反射的声波不易被传感器接收。

图4—2—1　运动传感器研究竖直上抛运动装置图

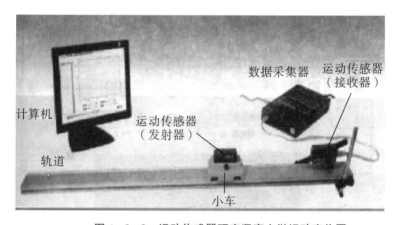

图4—2—2　运动传感器研究竖直上抛运动实物图

为了克服这些困难，应思考伽利略的研究方法，利用斜面和小车进行实验。当斜面倾角一定时，让小车做一个往返运动。根据数据采集器的实验结果，在图像中找出一段小车从斜面底端减速运动到斜面最高处再反向加速运动到斜面底端的运动过程。计算机直接作出在相同的时间坐标轴下沿斜面上滑的物体从抛出到落回抛出点过程中的 $x-t$ 图和 $v-t$ 图。随着斜面倾角的增大，小车的运动规律也发生变化。实验过程中可以判断该往返的运动过程是加速度不变的匀变速直线运动；逐渐增大倾角继续研究在不同的倾角下的小车往返的运动规律；倾角在增大时仍是加速度不变的往返的匀变速直线运动，只是加速度在增大。

基于可靠的实验基础，可以推断当斜面倾角增大到 $90°$ 时即竖直上抛运动的规律。学生经历了以上问题的思考与实验，所有的教学难点就都得以突破了。并且学生经历了伽利略式的探究过程，在可靠的实验事实基础之上进行了合理外推，获得了一次真正意义的物理思维的深度体验，这种浓浓的物理味道会让我们兴奋不已。

【高中化学案例】

溶液酸碱性对 S^{2-} 和 SO_2 反应的影响

在学习 H_2S 与 Na_2S 溶液性质时，不少学习者对于 H_2S 和 Na_2S 溶液与其他物质所进行的化学反应，往往只看到其共同点即 S^{2-} 的强还原性，而忽略 H_2S 与 Na_2S 溶液本身的酸碱性对反应的影响，从而很容易得出 H_2S 与 Na_2S 溶液分别与同一氧化性物质反应呈现同样实验现象的错误结论。实际情况是：当把 SO_2 通入 H_2S 溶液，观察到有浅黄色沉淀生成，发生反应为 $2H_2S+SO_2=3S\downarrow+2H_2O$。而当把 SO_2 通入 Na_2S 溶液，溶液开始出现黄色浑浊随即浑浊变白，最后又变黄（表 4-2-2）[4]。

表 4-2-2　SO_2 与 Na_2S 溶液反应原理及现象

溶液酸碱性	发生的反应	现象
溶液开始显碱性	$2Na_2S+3SO_2=2Na_2SO_3+3S\downarrow$	黄色浑浊
在碱性或中性环境下 Na_2SO_3 和 Na_2S 与 S 易发生反应	$Na_2SO_3+S=Na_2S_2O_3$ $Na_2S+(x-1)S=Na_2S_x$	白色浑浊
最后溶液酸性 $Na_2S_2O_3$ 不能稳定存在，要发生反应	$SO_2+H_2O=H_2SO_3$ $H_2SO_3 \rightleftharpoons HSO_3^-+H^+$ $S_2O_3^{2-}+2H^+=SO_2\uparrow+S\downarrow+H_2O$ $Sx^{2-}+2H^+=H_2S\uparrow+(x-1)S\downarrow$	黄色浑浊

从上述实验可以得出，虽然都有 S^{2-} 微粒，都与 SO_2 发生反应，但是由于反应溶液的酸碱性不一样，从而引起两者实验现象与结果上的差异。

为此设计如下实验进行验证。

1. 制备 SO_2 溶液

用足量 Na_2SO_3 固体与硫酸（60%）反应制备 SO_2，通入蒸馏水制备 SO_2 溶液备用。

2. 制备 H_2S 并将其通入 SO_2 溶液

取 FeS 固体，制备 H_2S 气体，并通入 SO_2 溶液，观察现象。

3. 观察 Na_2S 溶液与 SO_2 溶液的反应

（1）将 Na_2S 溶液逐滴滴入 SO_2 溶液观察反应现象。

（2）将 SO_2 溶液逐滴滴入 Na_2S 溶液观察反应现象。

该改进和创新实验，揭示出氧化还原反应会受溶液酸碱性影响这一普遍事实。既要看到其共同点即 S^{2-} 的强还原性，还要看到 H_2S 与 Na_2S 溶液本身的酸碱性及加入试剂的顺序将可能对反应产生影响。

【高中生物案例】

在高中生物学的教学过程当中难免遇到一些疑难知识点，对于这些疑难问题如果只是生硬地讲述，学生仍然不能很好地消化吸收。生物学教学本就不应该只局限于理论知识，通过实验能让学生更真切地体会到知识发现的过程，加深学生对知识的理解，提高教学的质量[5]。通过实验结果呈现出来的知识是具象化的，能够更好地解释疑难的知识点，加深学生对疑难问题的理解，同时在实验过程中也能提升学生的思维和探究能力。

比如很多教师在人教版教材必修 1《分子与细胞》第 4 章"被动运输"一节的教学过程中发现，关于水分子进出细胞的原理，学生通过类比推理很容易理解动物细胞膜相当于一层半透膜。但对于植物细胞的原生质层相当于一层半透膜这个知识点，学生很难理解。为什么是原生质层？大部分教师会通过分析植物细胞的结构引导学生分析出这个结论，然后再开展实验进行探究。这样会导致一部分学生并没真正理解为什么原生质层相当于一层半透膜，就懵懵懂懂开始了实验。在"探究植物细胞的吸水和失水"的实验教学过程中，当教师提问植物的什么结构相当于一层半透膜时，也许会有学生猜想是细胞膜或细胞壁等结构，此时教师不必急于纠正，因为猜想本身就是一种假设，假设可以是不成立的。当学生做出猜想以后，再让学生按照自己的假设来预期实验结果。如认为细胞壁是半透膜的，预期结果应该是整个细胞都会因为失水而变小；认为细胞膜是半透膜的，预期结果应该是原生质体会因为失水而变小但液泡的大小变化不大。教师可以提供墨水和洋葱内外表皮等实验材料供学生自主探究，学生通过用墨水染色发现染料能够进入细胞壁，细胞大小几乎不变，发现细胞壁是全透性的而不是半透膜，同时学生也能够观察到液泡体积明显变小，进而得到结论，原来原生质层相当于一层半透膜。学生通过实验来证明自己的猜想，从实验中掌握的知识会更加牢固。

（三）结合考题设计创新实验

考试是评价学生学习效果的重要手段，结合考题设计创新实验，可以将实验教学与考试评价有机结合，提高实验教学的针对性和实效性。因此，结合考题设计创新实验成为实验创新的重要策略之一。在选题时，教师应深入研究考题的特点和要求，结合实际情况选择合适的实验主题和方法。教师可以从历年的高考试题中寻找灵感，从教材课后习题中寻找可改进设计的实验，结合实验教学实际，设计出既能锻炼学生实验技能又能提升应试能力的创新实验，帮助学生更好地理解考试要求，提高其应试能力和综合素质。

试题教学实验化对于提升学生的科学思维、探究精神和实际操作能力具有显著效果。在实际教学中，教师可运用真实实验、虚拟实验以及数学分析软件等工具来实施这种教学方法。这样不仅能让学生更好地理解习题，还能提高他们解决实际问题的能力。以下提供几个实际案例。

【高中物理案例】

案例一：关于分运动与合运动的习题，教师通过制作"运动的合成与分解实验仪器"，模拟物体在两个互相垂直方向的分运动。通过真实实验，学生可以观察到物体的真实运动轨迹，从而对合运动有了直观的感知。这种教学方法为学生进一步的理论分析打下了坚实的基础。

案例二：在解释"单晶体有各向异性"这一概念时，学生可能会产生疑惑。为了让学生对此深信不疑，教师进行了实验演示（图4—2—3）。通过对比云母片与玻璃片在导热性能上的差异、方解石与玻璃砖的光学性能差异以及方铅矿和铁块在导电性能上的差异，学生观察到单晶体各向异性的表现。这种直观的教学方式可给学生留下深刻的印象，使他们更加确信这一结论。

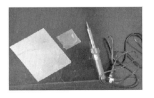

图 4—2—3　晶体各向异性实验演示图

　　案例三：对于光的干涉和衍射现象，学生常常难以理解。为此，教师设计了一个实验，让学生亲手操作，观察光的干涉和衍射现象。实验中，学生将双缝干涉实验装置放在光源前，通过调整双缝的距离和光源的波长，观察到了明显的干涉条纹。而在单缝衍射实验中，学生观察到了明暗相间的衍射条纹。通过亲手操作和观察，学生对光的干涉和衍射现象有了更深入的理解。

　　案例四：在讲解电磁感应现象时，教师可采用虚拟实验的方法。通过模拟磁场的变化，学生可以直观地看到感应电流的产生和变化过程。这种虚拟实验方法不仅安全方便，而且可以让学生在家中通过电脑进行实验操作，加深对电磁感应现象的理解。

　　综上所述，物理习题教学实验化是一种有效的教学方法。通过真实实验、虚拟实验和数学分析软件等途径，教师可以帮助学生更好地理解物理概念和现象，培养他们的科学思维、探究精神和实际操作能力。在未来的教学中，教师将继续探索和实践这种教学方法，为学生提供更好的学习体验。

【高中化学案例】

醋酸钠在升温过程中 pH 和酸度的变化

　　普通高中教科书化学选择性必修 1 化学反应原理（人民教育出版社 2019 年版）第三章第二节，在盐类水解的教学中，教师常会总结"越热越水解"的经验。学生与老师几乎从未怀疑过运用此口诀来分析盐类水解的平衡移动，进而推断溶液中的离子浓度变化和性质变化。2019 年的北京高考题选择题第七题，以新颖的命题角度打破了学生和教师的惯性认知。题目以醋酸钠、水、硫酸铜溶液，升温过程中的 pH 变化图像为背景设计了一系列选项。其中最容易让学生产生误判的就是：醋酸钠溶液升温后 pH 下降的原因。

为此，教师利用数字化实验系统，设计了如下实验：在加热醋酸钠溶液的过程中用温度传感器和 pH 传感器监测数据，同时滴加酚酞试剂观察溶液颜色变化。学生直观感受了随温度升高过程中，醋酸钠溶液 pH 的减小，和溶液红色加深的变化，加深了对多重平衡体系的理解，也加深了对溶液 pH 与溶液酸碱性之间的辩证关系的理解。

该创新实验中，教师利用数字化实验系统，实时测定了溶液温度和pH 的变化，还同时采用了传统指示剂显色的方法，将温度变化曲线、微观粒子（H^+）浓度变化曲线、宏观现象（指示剂颜色）变化同步展示在学生面前，在数据呈现和现象展示上实现了创新，获得了更好的实验效果。

【高中生物案例】

光合作用一直是高考考查的一个热点，如 2023 年全国统一高考生物试卷（乙卷）第 7 题就以保卫细胞的开闭和不同波长的光之间的关系为背景，第（1）问考查了气孔开闭会影响植物的哪些生理过程，第（2）问考查红光促进气孔打开的机制，第（3）问考查蓝光作为一种信号对气孔产生的作用，第（4）问考查了光合作用光反应和暗反应的联系。这给了教师以启发，光作为一种影响光合作用的因素，除了光照强度是可以探究的，还有光的波长也值得带领学生进行探究。可以分别把处理过后的小圆叶片放在红光、蓝光、绿光等不同波长的光下，观察相同时间内小圆叶片的上浮数量来研究光质对光合作用的影响。

（四）结合热点问题设计创新实验

随着科技的发展，社会热点问题不断涌现，这些热点问题往往与科学有着密切的联系。因此，结合热点问题设计创新实验也成为实验创新的重要策略之一。结合热点问题设计创新实验有助于激发学生的学习兴趣，培养他们的社会责任感和科学精神。在选题时，可以选择社会关注的热点问题或科技前沿话题，例如环境保护、新能源等，结合实际情况选择合适的实验主题和方法，设计出与之相关的实验项目。这类实验可以引导学生关注现实问题，培养他们运用所学知识解决实际问题的能力，培养其社会责任感和科学素养。

【高中物理案例】

清洁能源的实验创新设计

太阳能，这种无尽、可再生的能源，正在逐渐改变我们的生活方式。无论是在偏远的乡村还是繁华的城市，太阳能的应用都无处不在，为我们的日常生活提供着源源不断的能量。为了让学生更深入地理解太阳能的工作原理以及应用前景，我们可以设计一个关于太阳能电池的实验。这个实验将带领学生探索太阳能电池的工作原理，也就是光电效应。首先，我们需要一块太阳能电池板和一些简单的设备，如电压表、电流表等。然后，我们将太阳能电池板（图4-2-4）置于阳光下，观察电压和电流的变化。通过这个过程，学生可以了解到太阳能是如何被转换成电能的。

图4-2-4　实验用太阳能电池板

接下来，我们可以进一步研究如何最大化地利用太阳能。这涉及太阳能电池板的倾斜角度、方向以及清洁度等因素。学生可以通过改变这些因素，记录数据并进行分析，找到最优的设置方式。通过这个实验，学生不仅能深入理解光电效应的原理，还能了解到太阳能的应用前景。随着科技的发展，太阳能的应用范围越来越广泛，不仅用于发电，还可以用于供热、制冷、海水淡化等领域。此外，太阳能的应用还有助于减少对化石燃料的依赖，降低碳排放，对环境保护具有重要意义。

【高中化学案例】

自制含氯消毒液

居家自制含氯消毒液的应用实例。

1. 实验目标

探究制备 NaClO 消毒液的实验方法，测定消毒液的有效氯含量。

2. 实验原理

$$Cl_2 + 2NaOH = NaCl + NaClO + H_2O$$

$$2NaCl + 2H_2O \xrightarrow{\text{电解}} H_2\uparrow + Cl_2\uparrow + 2NaOH$$

3. 用品和器材

药品：食盐（NaCl）、纯净水、食用纯碱（Na_2CO_3）。

器材：9V 干电池一节、两根导线、铅笔一支、塑料瓶一个、皮筋 2 根、棉花团、有效氯测试试纸、筷子。

4. 实验装置（图 4－2－5）

铜阴极　　　　　　铅笔芯阳极

食盐水

图 4－2－5　实验装置图

5. 实验过程

配制饱和食盐水溶液于塑料瓶中，用 9V 电池做电源，将削好的铅笔芯做阳极，铜线做阴极，固定好阳极和阴极位置（阳极靠下，电极间距尽可能小），接通电源，开始电解实验。电解过程将产生有毒气体氯气，实验过程需注意尾气处理、实验环境需通风良好。电解 10 分钟，结束实验。

6. 数据处理

利用有效氯试纸测定自制消毒液的有效氯含量，判断是否能满足家居消毒的要求，并计算 NaClO 的产量。

实验改进创新：利用了家庭中普遍易得的器材和用品完成实验，实验易于实施，并展示了化学在实际生活中的应用。

【高中生物案例】

生物是一门和生活息息相关的学科，用生活中的热点问题作为背景来设计创新实验是一个值得教师思考的方向。如以食品安全相关事件为背景，可以延伸的实验创新内容就有很多。比如，在"检测生物组织中的糖类、脂肪和蛋白质"时可以让学生对市面上不同品牌的纯牛奶的蛋白质含量进行检测、比较，也可以检测牛奶中除了蛋白质是否含有还原糖和脂肪等营养物质，除此之外还可以检测"无糖饮料"是否无糖。另外，在讲到微生物的培养时，也可以通过平板培养的方法检测学生家中隔夜菜中微生物的含量，以及设计实验探究大蒜是否真的具有杀菌作用。把课本上的实验和生活中的热点问题相结合，能够有效激发学生的学习探究兴趣，也能帮助学生把所学知识运用于生活实际中，提高了学生科学探究的能力，培养了学生的社会责任感。

（五）结合新技术新设备创新实验

随着科技的不断发展，新技术、新设备也不断涌现，新技术新设备在实验教学中的应用越来越广泛，为实验创新提供了更多的可能性。结合新技术新设备创新实验有助于提高实验教学的现代化水平，培养学生的科技素养。因此，结合新技术新设备创新实验也成为实验创新的重要策略之一。在选题时，可以关注最新的科技成果和教育技术动态，了解新设备的功能特点和应用范围，结合实验教学实际选择合适的实验主题和方法。创新实验的设计，可以帮助学生更好地了解新技术新设备的应用，提高其科技素养和实践能力。同时，要注意技术的可行性和设备的可操作性，确保实验教学的顺利进行。

【高中物理案例】

用手机声音传感器演示共振现象

共振现象是物理学中的一个重要概念，为了更好地向学生展示这一现象，教师采用了手机声音传感器进行演示。这种方法不仅操作简便，而且实验现象明显且稳定，取得了良好的教学效果。

首先，需要两个具有相同固有频率的音叉，并将它们放置在实验台上，使它们的共鸣箱口相对。然后，使用手机上的音频发生器功能，产生一个特定频率的声音。这个声音的频率应该与音叉的固有频率相同。例如，如果一个音叉的固有频率是 256Hz，那么就将音频发生器的频率设置为 256Hz（图 4-2-6）。

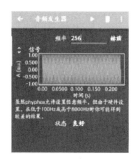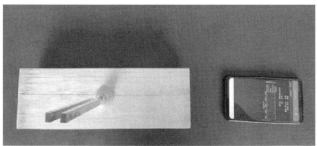

图 4-2-6 声音的共振现象演示图

接下来，将手机扬声器的位置对准另一个音叉的共鸣箱口。当音频发生器发出的声音与音叉的固有频率相同时，音叉就会产生共振现象。可以观察到音叉产生了明显的振动，并且这个振动持续时间较长，稳定性高。

为了进一步增强实验效果，可以在音叉旁边放置一个乒乓球。当音叉振动时，乒乓球会被弹开，从而更加直观地展示共振现象。通过这种方法，学生可以清楚地观察到共振现象，并理解共振产生的原理。

此外，教师可以通过调节手机音量键来改变音频发生器的声音响度，从而影响音叉的振动幅度。通过这种方式，教师可以向学生展示振幅与声音响度的关系，进一步加深学生对共振现象的理解。

总之，使用手机声音传感器演示共振现象是一种简单、直观的教学方法。它不仅可以帮助学生更好地理解共振现象，还可以提高学生的学习兴趣和参与度。在未来的教学中，教师可以探索更多的实验方法，以便更好地向学生传授物理学知识。

【高中化学案例】

二氧化碳传感器监测 Na_2CO_3 与盐酸的反应

普通高中教科书化学必修第一册（人民教育出版社 2019 年版）第 43 页有"钠及其化合物"的一道课后习题，讨论盐酸逐滴滴入 Na_2CO_3 溶液的反应过程，在没有基于传感器的数字化实验设备时，通常都会"合理推测"该反应是分步反应，但缺乏有力证据。

数字化实验系统提供了寻找证据的手段，当使用常规浓度的药品，

0.1mol/L Na_2CO_3 溶液、0.1mol/L HCl 溶液，充分搅拌的情况下，以正常的滴速每秒 1 滴左右向 Na_2CO_3 溶液中滴加盐酸，用 CO_2 传感器和 pH 传感器，监测反应过程，通过对数据曲线运用统计学的分析和论证方法，得出具有统计意义的结论。

多次实验后得到典型的数据曲线，从 pH 值曲线变化趋势看，反应分两步进行。从 CO_2 浓度曲线的变化趋势看，在 pH 值为 8.3 以前，CO_2 浓度增加不明显，约为 CO_2 最高浓度时的 1%，可以证明盐酸与 Na_2CO_3 的第一步反应过程中几乎没有第二步反应发生，从而证实了盐酸与 Na_2CO_3 反应的"分步反应模型"。

pH 值到 8.3 以前也有少量 CO_2 产生，说明第一步反应和第二步反应也没有绝对的分界，"分步反应模型"并不能如实反映真实情境。这说明"理论模型"通常是一个数学统计模型。在分析真实情境中的复杂问题时，不能完全照搬理论模型，特别是在科研和生产中要充分考虑理论模型的偏差风险。

实验改进与创新：利用数字化实验系统，实验有了更充分、更科学的证据用于说明教学问题。

【高中生物案例】

在高中生物学实验教学中开展定量分析对学生核心素养的提升是有益的，但教材中的实验有相当一部分是定性实验。基于此种情况，如何将定性实验转换为定量实验，引导学生分析量的变化就成了众多教师的关注点。而在科学技术不断发展的今天，高中生物学实验教学也迎来新的契机，得以将新设备新技术应用于实验教学中。在高中生物学的一些实验当中可以使用数码显微镜、传感器、分光光度计等设备来对实验结果更好地呈现。如在"探究植物细胞的吸水和失水"实验中可以用数码显微镜进行拍照记录，对细胞体积、液泡体积等数据进行测量和比较；在"探究酵母菌细胞呼吸的方式"实验中可以用 CO_2 传感器来检测不同氧气条件下酵母菌呼吸作用产生的 CO_2 量；在"探究环境因素对光合作用强度的影响"中，可以用 O_2 传感器来检测氧气的产生量等。当然，新技术新设备的应用依赖于学校的重视和支持，教师可以根据已有条件来改进创新。

（六）引导学生参与设计创新实验

学生是实验教学的主体，引导学生参与设计创新实验有助于发挥他们的主观能动性，培养他们的创新能力和协作精神。在选题时，教师应充分考虑学生的实际情况和需求，选取一些具有探索性和开放性的主题，让学生自行设计实验方案并实施。教师在此过程中要给予学生充分的指导和支持，鼓励他们发挥想象力和创造力，培养他们的科学探究能力。引导学生参与设计创新实验，可以激发其学习兴趣和创造力，培养其自主学习和合作学习的能力。同时，要注意控制选题难度，根据学生的实际情况和认知水平进行选择，确保实验设计的可行性和有效性。

【高中物理案例】

教材课后习题实验化的初步实践

1. 梳理整理必修系列的教材习题文本及答案

对教材课后习题进行文本加工排版。改进教材习题原始排版过程中的答题空间不足、无参考答案等弊端。形成与人教版教材同步配套的《教材习题及其解答校本资料》。

2. 对各物理习题所涉知识和情景背景"打标签"

对各物理习题涉及的知识点进行分类标记，落实到核心素养的物理观念、科学思维、科学探究和科学态度与责任。对各物理习题设计的情景背景进行分类标记，概述实验化情景内容、所需器材和操作演示步骤等内容。

3. 形成了习题实验化的实施流程并实践

结合课题已有的实践经验，初步形成习题标签、小组选题、课题指导、实验设计制作、视频录制编辑、作品共享交流等实施流程。

习题标签：教师对教材课后习题进行知识点和实验情景背景的"打标签"工作。目的是筛选出适合进行实验化的习题，并对相应习题的实验化所需的器材、制作、操作做初步构思提示。

小组选题：将教材习题按题量分配给学科教师，由学科教师根据班级情况将题目清单在班级公布，以小组为单位进行选题确认。为扩大参与面，每个题目可由多个小组独立承担和完成。

课题指导：由学科教师对习题实验化的学习价值做引导，并对具体习题所涉知识点、实验器材、实验制作及操作做具体培训指导。鼓励学生发挥主观能动性创造性设计实验。

实验设计制作：学生根据教师前期的指导，设计实验制作方案。学校开放物理实验室供学生分组进行实验器材的制作和操作，年级物理学科教师轮流到开放实验室进行指导。

视频录制编辑：学生对实验制作过程和实验操作过程进行微课视频设计制作。指导教师在课件制作、脚本撰写、视频拍摄和多媒体剪辑等方面对学生进行培训，并提供实验微课视频范例。学生在各个环节形成初稿后需先行交给指导教师进行修改指导，确保微课视频作品具有较好的质量。

作品交流分享：对各小组的作品进行收集整理，依据微课视频作品的评分方案，组织学科组教师对作品进行评审。对优秀作品予以全年级分享交流并颁奖表彰。对所有作品有序入库，作为新课教学与复习课教学的重要学习资料。

【高中化学案例】

果醋的酿造调查研究和实践

1. 酿造实践（以苹果醋为例）

（1）选择适合的苹果。

苹果醋的味道很大程度上是由苹果决定的，所以选择适合的苹果很重要，建议选择两个甜苹果和一个酸苹果，做出来的苹果醋味道会更丰富。

（2）苹果切块放在玻璃容器中。

苹果洗干净后不削皮切成 1cm 左右的小块，放置在一个消过毒的宽口玻璃罐中，苹果的量不能超过玻璃罐总容量的 3/4。

（3）放入水和调料。

放入 800mL 的矿泉水，根据准备的容器大小，适量减少或增加水量，但水一定要彻底没过苹果，否则发酵过程中苹果会腐烂。按照一个苹果一勺糖或一勺蜂蜜的比例加入玻璃罐充分搅拌，可根据个人口味增加或减少糖量。

（4）发酵苹果酒。

用纱布把玻璃罐口遮起来，再用橡皮筋固定，以防杂质进入。把玻璃罐放在温暖无光的地方，最好是 21℃ 左右的环境里。每天用木勺搅拌一到两次，注意要让苹果完全浸在水里。

（5）发酵苹果醋。

每天查看苹果的状态，大概一到两周时间，如果苹果完全沉到罐子底部，则表示苹果已经发酵完毕，即可把苹果过滤出来丢掉。再让发酵出的苹果醋继续发酵，每隔几天搅拌一次。3 周后就可以尝尝味道，如果酸度不够可以继续等待发酵，若酸度过高也可以加水稀释酸度。发酵时间最好不要超过 6 周。

（6）存储。

发酵好的苹果醋必须放在干净、密封效果好的容器里，存放在冰箱冷藏区里保持新鲜。自制苹果醋在正常的储存状态下的保质期为 1~3 个月，如果尝出味道不对就不要继续食用了。

2. 总酸度测定

采用 pH 计测定苹果醋酸度。

3. 估算产量

根据 pH 值和醋酸电离常数以及果醋体积，粗略估算醋酸产量。

改进创新：该实验贴近生活，过程有趣，可以有效调动学生参与实验的设计和实施。

【高中生物案例】

在讲到"探究植物细胞的吸水和失水"这部分内容时，可以引入袁隆平和海水稻的相关介绍，以其为背景，提出问题：如何设计实验筛选出适合某盐碱地的海水稻品种？然后学生可以分组讨论，设计实验方案。有的学生会回答直接把不同品种的水稻种植在盐碱地上，观察水稻的生长状况。但这个方法操作起来稍微有些复杂，耗时也比较长，教师可以继续引导学生思考，结合本节课的学习内容，有没有更容易操作的方法进行初步筛选？水稻想从盐碱地中吸取水分，根系的细胞应当具有怎样的特点？学生能够联想到水稻的细胞液浓度应该高于盐碱地，于是完成实验设计。另外还可以结合热点事件，以艾滋病病毒为背景，让学生设计实验探究某种病毒的遗传物质究竟是 DNA 还是 RNA。教师可以以问题串作为引导，辅助学生思考：如何区分 DNA 和 RNA？可以用什么实验方法？能不能用培养基直接培养病毒？学生是学习主体，让学生参与到实验的创新设计过程中，更有利于发挥学生的主体作用，锻炼学生的科学思维。

总的来讲，在素养导向下进行高中实验创新的选题是一项复杂而富有挑战性的工作。通过对现有教材实验进行改进、对疑难知识点设计新实验、结合考题设计创新实验、结合热点问题设计创新实验、结合新技术新设备创新实验以及引导学生参与设计创新实验六个方面的探讨，可以总结出一些可行的选题策略，可以有效地促进高中实验教学的改革和创新，提高学生的科学素养和实践能力。在实际操作中需注意一些问题：首先要紧密结合课程目标和教学内容选择适当的创新点，其次要充分考虑学生的实际情况和认知特点，最后要注意教师和学生的沟通与协作。

三、素养导向下高中实验创新的行动策略

（一）对实验装置的改进和创新

在高中理科教学中，实验装置是重要的教学工具，可以帮助学生更深入地理解科学原理，培养他们的实践能力和创新思维。然而，传统的实验装置往往存在一些问题，如操作复杂、效果不明显等，这些问题会影响实验教学的效果。因此，对实验装置进行改进和创新是十分必要的。实验装置有如下常见问题：操作复杂，传统的实验装置往往需要繁琐的操作步骤，这不仅增加了实验的难度，也降低了实验的趣味性和探索性。效果不明显，由于设备性能和实验条件的限制，一些实验效果可能不够明显，导致学生难以理解实验原理。安全性问题，一些实验装置存在安全隐患，如电路故障、化学反应失控等，这会对师生的安全构成威胁。

针对上述问题，教师可以采取以下改进方案：简化操作流程，通过改进实验装置的设计，减少不必要的操作步骤，使实验过程更加简便易行。提高实验效果，优化实验装置的性能，改善实验条件，提高实验效果的可视化和可量化程度。加强安全防护，在实验装置中加入安全保护措施，如过载保护、防爆装置等，确保实验过程的安全性。

除了对现有实验装置进行改进，教师还可以尝试创新方案，例如，引入虚拟现实技术，利用虚拟现实技术模拟实验过程，让学生在虚拟环境中进行实验操作，提高实验的趣味性和互动性。创新实验材料，尝试使用新型的实验材料或技术，以获得更好的实验效果和更广泛的应用前景。构建综合实验平台，将多个学科的实验装置整合到一个平台上，实现跨学科的实验教学，提高学生的综合素质。

【高中物理案例】

轻重不同的物体下落快慢的影响

在经典实验"不同质量物体下落速度的比较"中，使用牛顿管作为实验装置存在一定的缺陷。首先，在实验过程中，需要将牛顿管进行翻转，这会导致管内物体获得一定的初速度，这与自由落体的定义（只在重力作用下从静止开始下落的运动）不符。其次，观察到的羽毛和铁片的下落轨迹并非完全竖直，而是受到初速度影响的抛物线轨迹。因此，为了提高实验的科学性和准确性，对实验装置进行改进是必要的（图4—2—7）。

 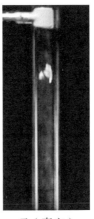

甲（有空气） 乙（真空）

图4—2—7 实验装置图

针对上述问题，教师提出以下改进方案。

材料：牛顿管、可移动磁铁装置（放置于牛顿管顶部）、铁屑（用于附着在羽毛上，使其能被磁铁吸引）、羽毛、铁片。

步骤：

（1）在牛顿管的顶部安装一个可移动的磁铁装置。

（2）使用铁屑将羽毛固定在磁铁上，确保羽毛能被磁铁吸引。

（3）在实验开始前，使用磁铁将羽毛和铁片吸引至牛顿管的顶部。

（4）确保羽毛和铁片紧贴管顶，然后将牛顿管内的空气缓慢抽出。

（5）移开磁铁，羽毛和铁片由于没有初速度开始自由下落。

（6）观察并记录羽毛和铁片的下落轨迹，验证不同质量物体下落速度的规律。

通过这种方式，实验避免了初速度对实验结果的影响，确保了科学性和准确性。

【高中化学案例】

实验室模拟并改进氨碱法制 $NaHCO_3$

实验原理：

制备 NH_3： $2NH_4Cl + Ca(OH)_2 \xrightarrow{\triangle} CaCl_2 + NH_3\uparrow + H_2O$

制备 CO_2： $CaCO_3 + 2HCl = CaCl_2 + CO_2\uparrow + H_2O$

制备 $NaHCO_3$： $NH_3 + CO_2 + H_2O + NaCl = NaHCO_3\downarrow + NH_4Cl$

实验步骤：

1. 根据计算取用药品

取用 NaCl 固体 50g，$CaCO_3$ 固体 16g，1mol/LHCl 溶液 300mL，NH_4Cl 固体 8.5g，Ca(OH)$_2$ 固体 20g，CCl_4 10mL，蒸馏水 130mL。

2. 安装实验装置

按如图 4-2-8 所示装置图安装。

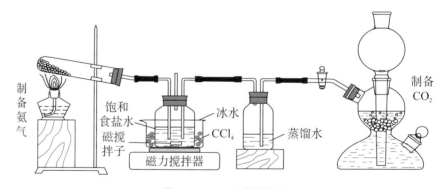

图 4-2-8　实验装置图

3. 检查装置气密性

用微热法检验氨气发生装置气密性，用注水法检验 CO_2 发生装置气密性。

4. 添加药品

用 130mL 蒸馏水和食盐配置饱和食盐水，采用逐渐加入 NaCl 固体的方式，保证 NaCl 刚好溶解。

制备氨气应保证 Ca(OH)$_2$ 过量，制备 CO_2 应保证盐酸过量。

5. 启动实验

先启动搅拌装置，再启动氨气发生装置，再启动 CO_2 制备。

6. 观测实验过程

注意关注气体溶解过程的气泡溢出速率，尽量使气体能完全溶解。

7. 分离 $NaHCO_3$

待充分通入气体后，取出吸收瓶，分液得到下层 $NaHCO_3/CCl_4$ 悬浊液，在过滤器中过滤得到 $NaHCO_3$ 晶体。在空气中静止，待 CCl_4 挥发，称量固体质量 m（$NaHCO_3$）。

8. 加热灼烧

在坩埚中充分灼烧 $NaHCO_3$ 晶体，冷却后称量固体质量 m（Na_2CO_3）。

9. 称量产品，计算产率

以 NH_4Cl、$CaCO_3$、$NaCl$ 为依据分别计算产率，评估原料利用率。

实验改进创新：

实验的改进体现在通过在冰水环境中降低反应温度减小 $NaHCO_3$ 的溶解度，促进其结晶析出。实验的创新点在于将 NH_3 和 CO_2 导气管伸入 CCl_4 中，防止发生倒吸，提高了装置的安全性，CCl_4 还可以起到分离并覆盖 $NaHCO_3$ 晶体的作用，进一步促进 $NaHCO_3$ 结晶，在过滤和干燥 $NaHCO_3$ 阶段也缩短了风干时间，提高了实验效率。

【高中生物案例】

实验教学是高中生物学教学过程中不可或缺的内容之一，教材中的相关实验步骤比较清晰，但教师在实际的课堂教学中发现，不是每个学生都能很好地完成实验操作，得到明显的实验结果。如果能够通过改进实验原本的装置让实验操作更便捷，也许就能在一定程度上解决这个问题。

如"比较过氧化氢在不同条件下的分解"这个实验需要学生使用点燃的卫生香来对不同实验组产生的气体的量做一个比较，但燃烧的卫生香具有一定的危险性，同时如果卫生香接触到试管内或实验桌上的液体也会无法燃烧，从而使得实验结果无法被观测到。教师可以将试管这一实验装置稍加改动：用橡胶塞塞住试管口，同时橡胶塞上留出两个小孔，一个小孔插入已经吸取了相应试剂的注射器，另一个小孔插入连接了气球的玻璃管。注射器能够使学生更加精确地完成实验试剂的添加，保证加入的 $FeCl_3$ 溶液体积和加入的肝脏研磨液体积是相等的，气球则可以使学生在不使用卫生香的情况下同样清晰地观察到气体的产生量。于是学生能够做出比较，得到酶和无机催化剂相比具有高效性的结论。再如，部分学生在制作果酒过程中，忘记定时拧松瓶盖导致了发酵瓶被气体胀裂的事故出现。如果实验过程中在发酵瓶瓶盖上加一根橡皮管，瓶外的橡皮管口伸入清水中放置，就可以避免这样的问题出现。

（二）对实验条件的改进和创新

在教师设计创新实验过程中，实验条件的改进和创新是非常重要的。中学实验器材和环境有限，常常因实验条件的制约而难以有效实施某些实验。例如，过高或过低的温度、真空环境、过高精确度的要求、高速记录、稀有耗材、过长时间等。

1. 优化实验条件

教师可以通过改变实验条件，如温度、压力、浓度等，来优化实验过程，提高实验的可行性，提高实验的准确性和可靠性。同时，也可以通过实验条件的优化，减少实验误差和不确定度，进一步提高实验的可信度和可重复性。

2. 引入新技术和方法

教师可以通过引入新的技术和方法，来提高实验的精度和效率。例如，可以采用先进的测量设备和技术，来提高实验数据的采集和处理速度；也可以采用新的实验方法，来避免传统实验条件的局限性。

3. 使用智能实验系统

教师可以通过引进或创制新的实验装置或系统，来实现实验过程的程序化、自动化，并逐步实现智能化，从而更准确地控制实验条件，实现期望的实验效果。

【高中物理案例】

利用"气垫"装置还原双斜面实验

实验背景与目的

伽利略的双斜面实验在物理学发展史上具有重要意义，是理解牛顿第一定律的重要实验之一。然而，现有的实验装置存在一些问题，如器材不全面、效果不佳等，使得学生难以理解实验的逻辑推理结果。因此，开发新的实验装置和思想变得至关重要。

实验装置与原理：

为了解决现有问题，教师设计了一种新的实验装置，主要利用以下器材：塑料硬线管、针、气球、橡皮筋、速干胶水、气垫导轨风机、滑筒、橡皮泥、铁架台（含夹子）和电源（图4－2－9）。

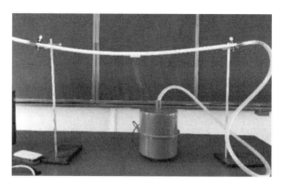

图4－2－9　实验装置图

具体操作如下：

1. 将塑料硬线管截取至100cm，在50cm处加热至可塑形状态，使两侧向中间靠拢至夹角为160°。

2. 在管弯曲的一侧加热针，均匀戳5排大小均匀的小洞，每排长度约70cm，然后打磨至光滑无毛刺。

3. 用气球和橡皮筋将管的一端封住，保持弯曲面朝上并固定在铁架台上，套上滑筒，另一端接上风机管。

4. 由于任何器材都无法完全消除摩擦阻力，但当物体处于悬浮状态时所受阻力最小，因此利用悬浮使装置的阻力降到最小。打开风机电源，调整滑筒内橡皮泥使其处于悬浮状态。

5. 将滑筒从某一斜面的固定位置静止释放，观察到由于只受空气阻力，滑筒可滑到另一斜面同等高度位置，且误差很小。

通过这个新的实验装置和原理，可以更好地模拟和理解伽利略的双斜面实验，同时避免现有装置的问题。

【高中化学案例】

空气电池原理演示仪

实验原理：$2Zn + O_2 + 2H_2O = 2Zn(OH)_2$

实验步骤：

1. 配制 NaCl 溶液

称取 2gNaCl 固体，配制 20％NaCl 溶液。

2. 制作吸氧腐蚀电池板

用氯仿胶黏剂黏接电池板，安装演示用微型用电器。

3. 组装电池（图 4-2-10）

图 4-2-10　组装电池参照效果图

4. 测定各工作状态下的电池性能参数（表 4-2-3）

表 4-2-3　各状态下电池性能参数记录表

编号	负极材料	正极吸附剂	峰值电流（mA）	电流半衰时间（分钟）	风扇工作时间（小时）
1	Fe	无	5	0.5	不能启动
2	Al	无	13	0.5	不能启动
3	Zn	无	20	0.5	不能启动
4	Zn	粉末活性炭	80	5	0.1
5	Zn	结晶活性炭	360	30	1
6	Zn	机制蜂窝活性炭	340	20	0.5
7	Mg	结晶活性炭	950	50	15
8	Mg	机械蜂窝活性炭	500	35	8

实验改进和创新：

本实验以石墨片做正极集电材料，氧气在正极发生反应，以锌片或镁片为负极，以 NaCl 溶液充当导电解质。但是简单的 Cu｜食盐水｜Zn 电池的工作电流仍然非常小，低于 5mA，难以带动小风扇转动，在常规实验条件下难以达到良好的演示效果。经分析应该是空气电极上 O_2 的吸附浓度过低造成的。为此，本实验选用了具有良好吸附性的几种碳材料（粉末活性炭、结晶活性炭、机制蜂窝活性炭）作为空气电极吸附剂，均显著提高工作电流，经比较发现，蜂窝活性炭优点突出。此改进的本质在于改进了实验催化条件，在电极材料、电解质溶液浓度不变的条件下，极大提高了吸氧腐蚀电流。

【高中生物案例】

"用高倍镜观察叶绿体和细胞质的流动"属于人教版教材必修 1 第 3 章第 2 节中的实验内容，该实验内容本身比较简单，是一个观察类的实验，实验操作也比较容易，学生只需要制作临时装片就可以使用显微镜进行观察。对于该实验，教师可以改变温度的实验条件来观察黑藻在不同的温度下细胞质的流动速度。如实验前先将培养的黑藻分别放置于 4℃ 冰箱、室温、30℃ 的温水中，然后再让学生分别取样观察。通过观察黑藻在不同温度下细胞质流动的速度，学生不难发现温度会影响胞质环流的速度，后续可以通过查阅资料对该现象进行解释。在上述过程中，通过改变实验条件使实验的内容更丰富，更好达成对学生科学思维能力的培养。此外，在"观察根尖分生区组织细胞的有丝分裂"中，装片的制作过程一般是解离→漂洗→染色→制片四个步骤，但在实际的操作过程中学生往往很难看到清晰的染色体，究其原因大多是解离不彻底。针对这个问题，可以尝试让学生在解离之前先用卡诺氏液固定根尖细胞，再进行解离，这样能够达成较好的解离效果，减少解离所需的时间。值得注意的是，如果要改变实验条件，教师必须在学生实验之前做大量的预实验，然后进行观察总结，得到相对更适宜的实验条件。

（三）对环保措施的改进和创新

对于高中理科实验而言，如何在传授知识的同时，培养起学生的环保意识，是教育者需要深思的问题。高中理科实验中环保措施的改进和创新可以从以下几方面行动：①减少化学试剂浪费。在实验过程中，要严格按照规定的用量取用化学试剂，避免浪费。对于一些可以循环使用的试剂，应进行回收利用，减少对环境的负担。②优化实验设计。实验设计应尽量简洁、高效，避免冗余和不必要的步骤。这样可以减少试剂的使用量，降低能源消耗，同时提高实验效率。③废物回收与再利用。实验过程中产生的废物，应进行分类回收。可以回收再利用的废物，如玻璃器皿等，应进行清洗和消毒，以便下次使用。对于一些有害废物，应进行无害化处理，避免对环境和人体健康造成危害。④使用环保替代品。在实验中，应优先选择无毒或低毒的试剂，避免使用对环境和人体健康有害的试剂。同时，应积极探索和开发环保替代品，以减少环境的负担。⑤推广微型实验。微型实验是一种实验方法，其特点是使用较少的试剂和仪器，达到同样的实验效果。微型实验可以减少试剂的浪费和环境污染，同时降低实验成本。

【高中化学案例】

铜与浓稀硝酸反应的环保实验方案

实验原理：$3Cu + 8HNO_3 = 3Cu(NO_3)_2 + 2NO\uparrow + 4H_2O$

$Cu + 4HNO_3 = Cu(NO_3)_2 + 2NO_2\uparrow + 2H_2O$

实验器材：

药品：铜丝、铜片、浓硝酸、稀硝酸、CCl_4、H_2O_2、MnO_2。

器材：U 型管、小注射器、大注射器、橡皮塞、铁架台。

1. U 形管环保实验方案

在 U 形管中注满 CCl_4，将带铜丝的橡皮塞塞住 U 形管一端，倒出部分 CCl_4，用带细导管的注射器注入浓硝酸或稀硝酸，利用密度差异将硝酸送入铜丝一端，观察硝酸和铜丝的反应。

再利用 H_2O_2 和 MnO_2 反应制备 O_2，通入稀硝酸和铜反应产生的气体，观察反应现象和页面高度变化。

2. 大注射器环保实验方案

将铜片置于注射器内，吸入少量浓硝酸或稀硝酸，迅速用橡皮塞塞住注射器口，观察反应现象。取下橡皮塞，吸入空气，观察稀硝酸和铜反应产生的气体在吸入空气后的变化。

实验改进与创新：

实验改进在于，使用注射器输送硝酸及氧气，便于控制物质流速及用量。实验创新在于，利用 U 形管和 CCl_4 与 H_2O 溶液的密度差，实现了恒压密封实验环境，实现了安全环保的实验操作方法，能清晰展示出 Cu 与浓硝酸及稀硝酸反应的现象，做到无污染气体逸出。

【高中生物案例】

保护环境，人人有责，在高中生物学实验过程中可以做一些改进来践行环保理念。如在观察根尖分生区组织细胞的有丝分裂时会用到很多试剂，如解离液、清水、甲紫或醋酸洋红液等。如果每一种试剂都用体积较大的玻璃皿盛装无疑会造成试剂的浪费，学生在染液中寻找根尖的难度也会增加。可以用化学实验中常用的白瓷点滴板替代玻璃皿，在点滴板不同孔穴中分别滴加解离液、清水、甲紫溶液，实验过程中学生只需要按照顺序将取下的根尖分别放在不同溶液中计时处理即可。如果担心漂洗的效果不够好，也可以增加清水占位的数量，在 3～4 个孔穴中都滴加清水，漂洗根尖时只需要依次放置一两分钟即可。如此一来便能节省大量实验试剂，也能简化实验操作，节约漂洗的时间，可谓一举多得。再如，在分离绿叶中的色素时，如果用试管盛装层析液容易导致滤纸条贴在试管壁上影响层析结果，但用小烧杯盛装层析液又会使得层析液的使用量增加，不利于环保。可以对烧杯做如下改装：用保鲜膜封住烧杯口，再用小刀在保鲜膜上划几道口子，保证口子的大小和滤纸条的大小一样。这样就可以让多个小组共用一个小烧杯同时进行层析，保鲜膜也起到了固定滤纸条的作用，在一定程度上，既保证了实验结果又比较环保。

（四）对材料消耗的改进和创新

在理科实验中，材料的消耗是一个不可忽视的部分。如何在保证实验效果的前提下，降低材料消耗，减少浪费，是实验教学中需要关注的问题。可以考虑从以下几方面进行改进创新：①选择低成本、易获取的材料。在保证实验效果的前提下，优先选择成本较低、容易获取的材料，降低实验成本。②寻找替代材料。对于一些稀有或昂贵的材料，积极寻找替代品，通过替代材料达到相同的实验效果。③循环使用实验材料。在实验结束后，对可重复使用的材料进行回收和处理，以便下次实验再次使用。④优化实验流程。对实验流程进行优化，减少不必要的步骤和操作，从而减少材料的消耗。⑤提高实验效率。采用合适的实验方法和技巧，提高实验效率，缩短实验时间，从而减少材料消耗。⑥精确控制实验用量。在实验中精确控制材料的用量，避免浪费，同时确保实验结果的准确性。

【高中化学案例】

滤纸上的简易电池

实验原理：

$$Zn + H_2SO_4 = ZnSO_4 + H_2\uparrow$$

实验器材：

Zn 片、Cu 片、稀硫酸、毫安电流计、导线、玻璃板、胶头滴管、滤纸。

实验操作：

在玻璃板上，平铺 Zn 片、滤纸、Cu 片，连接导线和电流计，用胶头滴管滴加少量稀硫酸在 Zn 片和 Cu 片之间的滤纸上，观察电流计的指针偏转。

实验改进与创新：

用滤纸隔开 Zn 片和 Cu 片可以实现正负极隔离，防止短路，利用滤纸吸附少量硫酸作原电池电解质溶液，极大减少了硫酸消耗，实现了节约，还提高了安全性。

【高中生物案例】

在高中生物学实验中会用到各种各样的材料，这些实验材料的选取和使用既关系到实验成本也关系到实验结果。教师应当注意到实验材料消耗的问题，在日常教学过程中处处留心，思考是否有改进的空间。例如，关于"绿叶中色素的提取和分离"这个实验，教材的方法步骤中指出应称取 5g 绿叶，加入少许 SiO_2 和 $CaCO_3$，再加入 5~10mL 无水乙醇进行研磨。在实际的课堂教学过程中学生容易加入过多的实验试剂，既影响实验结果又造成了浪费，实际加入约 1/4 药匙的 SiO_2 和 $CaCO_3$ 就能达到比较好的研磨效果。另外，课堂实验过程中发现很多学生会一次性加入 10mL 的无水乙醇，这会使得色素提取液的浓度过低，可以让学生减少加入的无水乙醇的总量，并且分批次加入，如此就能够达到比较好的提取效果。此外，学生用毛细吸管画滤液细线时总是容易将毛细吸管弄断，滤液细线也很难画好。可以将滤纸条改为圆形滤纸片，将滤液直接滴加在圆心，这样的操作就更加简便，避免了毛细吸管的使用损耗，也能呈现出较好的实验效果。实验的诸多细节都关系着实验的成败，在改进实验时，既要考虑实验材料的消耗，又要考虑到实验操作是否简便，还要考虑实验结果是否会受到影响。

（五）对信息输出的改进和创新

在理科实验中，信息输出是实验结果呈现和知识传递的重要环节。传统的信息输出方式可能存在一些局限性，如数据解读难度大、信息传递效率低等。因此，对信息输出进行改进和创新，以提高实验教学的效果和学生的理解能力，是十分必要的。可以从以下几方面进行改进创新：使用数字化实验系统实现实验数据的可视化。数字化系统可以实现数据的图表展示，例如，利用图表（如柱状图、折线图、饼图等）直观地展示实验数据，帮助学生更好地理解数据的变化趋势和规律。还可以动态模拟显示实验数据。对于一些抽象的概念和过程，可以利用动态模拟技术进行可视化展示，帮助学生更好地理解实验原理和过程。还可以在实验中使用交互式信息展示系统，选用交互式实验平台，让学生在平台上进行虚拟实验操作，实时获取实验数据和分析结果，提高学生对实验的理解和掌握程度。使用增强现实技术。利用增强现实技术，将实验数据和现象以立体的形式呈现出来，并允许学生通过手势、语音等方式进行交互，增强学生的参与感和体验感。

【高中物理案例】

利用传感器对比分析自感电流变化情况

1. 教材内容更新

自感和互感，是电磁感应的核心内容，在学习法拉第电磁感应定律后进行深入探讨。这一部分不仅对电磁感应的知识进行了深化，而且为后续的交变电流章节奠定了基础。日常生活中的收音机和变压器等都运用了自感和互感的知识，显示出其在实际应用中的重要性。尽管课程标准对此部分的要求并不严格，但如果能结合生活实际进行讲解，将使学生的学习更加有意义。

尽管教材中的实验方法为演示自感和互感现象提供了基础，但其中存在一些不足。第一，通过灯泡的亮度判断实验前的亮度一致性具有较大难度；第二，灯泡电流变化时间短暂，肉眼的反应速度难以准确观察；第三，断电后的电流变化和方向改变难以通过灯泡的亮灭和亮度来判断；第四，使用灯泡可能导致实验器材损坏；第五，灯泡的冷热电阻变化也会影响实验结果；第六，无法直接观察电流大小，使得判断哪个灯泡会更亮有困难。

2. 实验装置与原理

本实验采用的装置包括：四节干电池、三个单闸开关、两个 5Ω 电阻、两个电流传感器、一个电感器、两根数据采集线、一个数据采集器以及一台电脑。

首先，将电感器和电阻进行串联，通过观察电流随时间的变化图像来研究电感器对电流的阻碍作用。然后，将电感器与一个电阻串联，再与另一个电阻并联，同时接通电源（图 4－2－11）。通过观察电流随时间的变化图像，可以对比两者电流变化的差异。实验结果表明，未连接电感器的电阻的电流出现了断崖式的变化，而连接电感器的电阻的电流则缓慢上升。此外，还发现断开总开关后，串联电感器的电阻的电流缓慢下降，而未连接电感器的电阻的电流则出现了断崖式的下降并反向升高，之后又缓慢下降。值得注意的是，两者的变化时间是相同的。

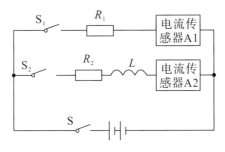

图 4－2－11　装置示意图

【高中化学案例】

利用数字化实验系统探究难溶电解质的溶解平衡

实验原理：$2Mg + O_2 \xrightarrow{\text{点燃}} 2MgO$

$MgO + H_2O = Mg(OH)_2$

$Mg(OH)_2(s) \rightleftharpoons Mg^{2+}(aq) + OH^-(aq)$

实验器材：Mg 条、酚酞、蒸馏水、数字化实验数据采集器、电导率传感器、pH 传感器、烧杯、电磁搅拌器、镊子、酒精灯、陶土网。

实验操作：

在酒精灯上点燃镁条，待完全燃烧后，取生成的 MgO 投入烧杯中，加蒸馏水，安装 pH 传感器，安装电导率传感器，启动电磁搅拌器，监测电导率和 pH 变化。

实验创新和改进：

使用电磁搅拌器加速 $Mg(OH)_2$ 的溶解，且搅拌速率均匀，滴加酚酞指示剂后溶液颜色从无色逐渐变为浅红并逐渐加深，可以让学生通过宏观现象感知难溶电解质的溶解过程。创新点主要在于，使用电导率传感器和 pH 传感器将实验中的微观变化转化为数字信息并呈现为连续曲线，从而加深了学生对溶解的微观变化过程的理解。

【高中生物案例】

高中生物学中的实验类别有很多，实验结果的呈现方式也多种多样，对于数据类的结果通常是通过学生纸笔计算然后再手动绘图或者列表呈现。但在有限的课堂时间里，这种方式未免显得效率低下了一些。如观察记录培养液中酵母菌种群数量变化时，制图可以用 Excel 工具完成，把电脑和显示屏相连就能确保每个学生都看到确切的结果。另外，如果在"模拟生物体维持 pH 的稳定"这个实验中使用 pH 传感器等设备，也可以直接把数据输出到电脑，完成绘图，结果一目了然。

（六）对实施形式的改进和创新

高中理科实验是培养学生实践能力和科学素养的重要途径。然而，传统的实验实施形式可能存在一些局限性，如实验内容陈旧、方法单一等，这会影响实验的效果和学生学习的积极性。因此，对实验实施形式进行改进和创新是十分必要的。可以进行如下改进和创新：跨学科整合，加强跨学科的整合，将不同学科的知识点进行有机融合，提高学生的综合素质。将演示实验、验证性实验转变为探究性实验、自主设计性实验，培养学生的创新思维和实践能力。将个人独立实验整合为小组合作实验，通过对实验内容、实验操作、实验任务进行分割，以小组为单位实施实验，让学生相互协作、共同完成任务，培养他们的团队合作精神和沟通能力。开展线上实验，让学生在虚拟环境中进行远程互动实验操作，提高实验的趣味性和互动性。开展实地考察实验，组织学生实地考察，让他们亲身接触和了解自然现象和科学技术，在大自然或实际生产和科研环境中开展实验，增强他们的实践能力和感性认识。

【高中化学案例】

从家酿葡萄酒中获取高度白酒

实验原理：淀粉水解及微生物发酵酒化

实验器材：紫葡萄、发酵罐、蒸馏装置。

实验过程：

准备制作家酿葡萄酒，材料：1公斤紫葡萄、100g蔗糖、发酵缸、纱布等。方法：将葡萄洗净晾干后弄碎，放入发酵缸，加入蔗糖，发酵14天。记录发酵过程中葡萄渣显色和性状、气味、口味的变化。发酵完成后过滤掉残渣，得到粗制葡萄酒。拍摄酿造过程照片和视频素材。

1. 检测家酿葡萄酒基本性质

（1）观察记录样品颜色、浑浊程度、气味。

（2）用 pH 计测定 pH 值。

2. 蒸馏葡萄酒

取 100mL 葡萄酒样品，采用图 4－2－12 所示装置，进行蒸馏，控制蒸馏温度在 85～95℃，收集馏分，得到白酒。记录所得馏分体积、颜色和气味。拍摄实验过程照片和视频素材。

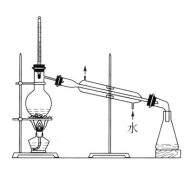

水

图 4－2－12　蒸馏原理图

3. 计算产率

实验改进与创新：

本实验将生物学知识、化学知识结合，以科技研究项目的形式展开，在项目开展中引导学生训练基本的化学实验操作，包括研磨、发酵、过滤、pH 测定、蒸发、蒸馏等。将枯燥的实验基本功学习转变为产品制作活动，极大地提高了学生的学习积极性和动手的主动性。还通过团队协作培养了学生的合作意识，是对传统实验实施形式的有效改进。

【高中生物案例】

"调查草地中某种双子叶植物的种群密度"是高中生物学学习过程中一个重要的实验内容，完成实验需要学生到野外草地上实地取样、测量、计算。考虑到课时紧张和学生外出可能遇到安全问题，有的教师也会把实地考察的形式转换为模拟实验，能够让学生在课堂上比较短的时间内基本掌握种群密度的调查方法。模拟实验的大致流程如下：首先教师给学生分组，每组学生准备一张白纸（A4 或者 B4 大小）。然后教师给每组分发100 粒大米，让学生随机将大米撒在白纸上。学生以小组为单位进行讨论，解决样方大小、如何取样等问题。学生按照讨论的方案在白纸上划线取样并计数，计算"种群密度"。最后将计算值和真实值进行比较，小组之间相互交流分析误差出现的原因等。这样的模拟实验所需材料简单，操作方便，在课堂教学中有一定的优势，但是值得注意的是，去往真实的草地实地考察永远是模拟实验无法替代的。在有条件组织学生外出调查的情况下，可以利用课余时间完成这类实地考察的实验，而课堂上的模拟实验可以放在真实调查之前，避免学生在真实调查时手忙脚乱。如果有课堂上的模拟实验作为铺垫，到真实的草地环境后，学生也能更好地完成调查。

四、素养导向下高中实验创新的执行步骤

（一）创新实验预备阶段

在实验预备阶段，首先，需要选择适当的实验主题。主题可以是课本中的经典实验，也可以是科学研究热点，或者是学生在生活中发现的问题。选择主题时，应充分考虑实验活动的教学意义、学生的知识储备、操作人员的技术能力、实验场地和器材的可用性，确保实验的可行性。其次，初步盘点实验所需试剂、器材，并梳理这些资源的取得途径。同时，还要了解这些器材和材料的使用方法，初步排查实验风险，制定风险控制的初步预案。

（二）创新实验设计阶段

实验设计阶段应根据实验选题，完成实验的详细设计，包括确定实验目的、确定器材、确定操作步骤和操作规程、预测结果、风险评估和结果评价。

确定实验目的：明确实验的目的和意义，以及对实验所涉及的概念、原理和方法进行深入了解。确保实验能够达到预期的教学目标和效果。

确定实验所需器材和材料：根据实验主题和目的，列出所需的设备和试剂，并确定资源的获取途径。同时，还要了解这些器材和材料的使用方法，确保实验的安全进行。对新的器材和设备应进行验证性试用，以确保可用性和安全性。

设计实验方案：制定详细的实验步骤和操作规程，包括实验的开始时间、结束时间以及中间的间隔时间等。同时，要考虑到实验条件和变量的控制，确保实验的可靠性和可重复性。

预测实验结果：根据实验方案和步骤，对实验结果进行预测和分析。这有助于教师对实验过程和结果进行评估和反思，提高实验设计的科学性和有效性。

评估实验风险：对实验过程中可能存在的风险和安全隐患进行评估，并制定相应的安全措施和应急预案。确保实验过程的安全性和可靠性。对有潜在风险的操作应进行验证性的预演，确保设计方案无重大纰漏。

确定评价方式：根据实验目的和要求，确定适当的评价方式，如口头陈述、实验报告、小组讨论等。这有助于了解学生对实验的理解和掌握情况，从而调整教学策略，提高教学效果。

通过以上任务，教师在实验设计阶段能够为后续的实验实施和评价阶段做好充分的准备，确保创新实验的顺利开展和有效实施。

（三）创新实验实施阶段

在实验实施阶段，教师需要确保实验过程按照设计的实验方案进行。这一阶段要求参与者严谨认真，严格按照操作规程进行，确保实验符合设计方案，尤其要符合实验安全规范。在实验过程中，参与者需要积极配合，解决在实验中遇到的问题。同时，教师还应要求参与者完整观察和记录实验过程、实验现象，准确记录数据，为后续的实验评价分析提供依据。

（四）创新实验评价阶段

在创新实验方案评价阶段，需要对实验过程和实验结果进行分析、总结，并与设计目的进行对比。这一阶段要对创新实验的设计方案进行量化评价，评判创新实验方案的优点和不足。同时，收集学生和其他参与者对实验过程的反馈、评价和建议，帮助教师进一步优化实验方案。

教师可以采用多种收集评价信息的方式，如填写实验过程评价量表，参与者口头陈述、分析实验数据报告、组织小组讨论等。通过这些评价信息，教师可以了解创新实验的实际实施过程，从而调整设计策略，提高实验实施效果。

五、素养导向下高中实验创新的典型案例

在课题研究和教学实践中学校开发了大量的实验创新案例，在教学和研讨中取得了良好的效果，以下是其中几个典型案例。

【高中物理典型案例】

"液体表面张力"创新实验设计

一、教材课标分析

就教材的安排而言，本部分内容安排在分子间相互作用力之后，是对前者知识的具体应用。如何让学生深入认识液体表面张力并深刻理解液体表面张力形成的原因？课程标准明确提出，要通过实验解决上述问题，并表示要关注与液体表面张力有关的生活实例（图 4—2—13）。基于此，教材做了如下安排。

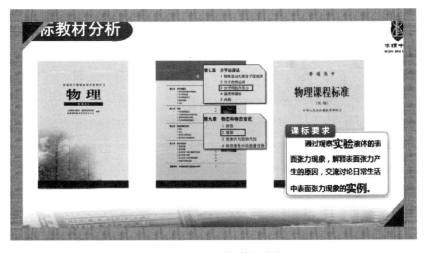

图 4—2—13　课标教材分析

通过露珠呈球形，水黾可以停在水面上等图片，展示有关的生活现象，进行课题引入；通过课堂实验：观察肥皂薄膜和棉线的变化，让学生思考液体表面有什么特征，并初步建构液体表面张力的概念；通过展示液体微观结构图片，从分子动理论角度分析液体表面张力产生的原因；利用分子表面张力知识，去解释生活中的现象，如液滴为什么呈球形？教材这样的安排，较好地契合了新课程标准的要求。

二、学情分析

从学生的角度，液体表面张力本身较为抽象和陌生，必须通过实验，特别是能亲身体验参与实验，去实实在在地感知液体表面张力的存在和特征。为此，教师在教材原有设计的基础上，从课题引入、实验演示、微观探究和学以致用等环节进行了实验改进。

三、实验教学目标

（一）观察"漂浮"的硬币演示实验，使学生初步形成"液体表面存在一种特殊的力"这样的印象，能初步解释教材内容中的水黾"漂浮"水面的现象。

（二）观看"扇形泡沫收缩"的实验演示，使学生亲身体验"方形泡沫收缩"的实验，建立液体表面张力的概念，能够确切表述液体表面张力的概念。

（三）通过动画模拟实验，学生借助已学的分子动理论相关知识，理解形成液体表面张力的微观本质，能够从微观角度解释有关液体表面张力的实验（生活）现象。

（四）通过本节课的学习并观看太空课堂视频，学生能够解释"气泡"、失重的液体为什么呈球形，能够尝试解释四面体、六面体框架薄膜形状实验现象形成原因。

四、教学环节及实验改进方案

下面本书将从这四个方面介绍教学设计和实验改进方案。

（一）课题引入

1. 教材原有设计

教材在引入环节，展示的是叶片上的露珠和水面上的水黾两幅图片（图4-2-14、4-2-15）。这里有两个不足：一是这些看似常见的生活现象对于学生而言相对陌生，不能很好地使他们将过去经验与即将学习的知识有效联结；二是图片作为静态教学素材不够形象直观。

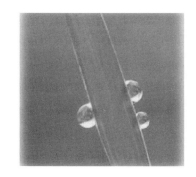

图 4-2-14　叶片上的露珠

图 4-2-15　液面上的水黾

2. 实验改进方案

教师在课题引入时现场演示了硬币漂浮在水面上的实验（图 4-2-16），让学生思考并讨论硬币为什么没有沉到水底。为了解答这个问题，帮助学生搭建思维台阶，教师现场演示纸面托起硬币的实验（图 4-2-17），引导学生得出硬币没下沉是因为液体表面存在着跟纸面类似的向上的托力这一猜想，从而引入液体表面张力这一课题。

图 4-2-16　漂浮在水面的硬币

图 4-2-17　纸面上的硬币

（二）概念建构

1. 教材原有设计

在建构液体表面张力概念这一环节，教材用薄膜棉线的实验进行突破，这一实验虽然现象较为明显，但趣味性不足、观赏性不强，不足以提升学生的学习兴趣。

对此教师做了如下实验改进。教师向学生展示一个演示实验，用金属丝编制一个半圆形金属框，并系上棉签。浸入肥皂液后取出，戳破棉签某一侧的薄膜后观察现象（图 4-2-18），学生能明显地观察到棉签向薄膜收缩方向摆动。随即提出问题：棉签为什么会摆动？

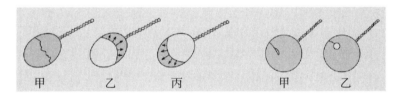

甲　　　乙　　　丙　　　甲　　　乙

图 4-2-18　教材上的棉线薄膜实验

带着这个问题，让学生分小组具体操作方形框上小木棍滚动的实验（图 4-2-19）。给学生一个方形框，一个木棍和一些肥皂液，让学生去尝试设计实验，寻找到与刚做的演示实验类似的实验现象——小木棍确实滚动了起来（图 4-2-20、图 4-2-21）。通过刚才的演示实验和学生实验，学生能切身体会到，棉签和木棍会动是因为液体表面均存在着指向收缩方向的力，而这个力，就是液体表面张力。从而建构起液体表面张力这一概念。

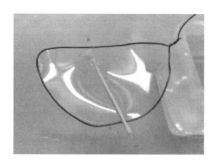

图 4－2－19　半圆形框薄膜实验

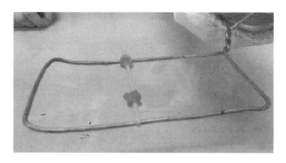

图 4－2－20　方形框薄膜实验

图 4－2－21　学生分组实验——方形框薄膜实验

（三）微观解释

液体表面为什么存在这样的张力呢？教材通过图片并配合文字对液体表面张力进行了微观角度的理论解释（图 4－2－22）。这样的处理有两个不足之处：一是仅是通过静态图片展示不够形象直观；二是这样处理只能解释杯子中液体表面张力的形成原因，对于液体薄膜的张力并没做具体说明。

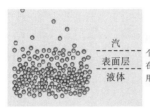

我们在上一章已经学过，分子间的距离大于某一数值r_0时，分子力表现为引力，小于这个数值时表现为斥力，如果分子间的距离等于r_0，分子力为0。在液体内部，分子间的距离在r_0左右，而在表面层，分子比较稀疏，分子间的距离大于r_0（图9.2-5），因此分子间的作用表现为相互吸引。也就是说，如果在液体表面任意画一条线（图9.2-6），线两侧的液体之

图4-2-22　教材中关于液体表面张力的微观解释

为此，教师将静态的图片展示改为形象的动画展示，分别模拟杯子中的液体和薄膜液体的微观分子结构（图4-2-23），让学生较为直观地理解到，不管是哪种情况，液体表面张力均由于分子间距大于r_0而产生分子间引力。

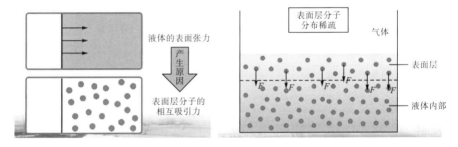

图4-2-23　液体表面张力微观解释

（四）学以致用

进入应用环节，教材处理方式是通过设置问题，让学生解释为什么有了表面张力，液体就有了成球形的趋势（图4-2-24）。这样的处理未尝不可，但实际上学生还不了解液体表面张力具有呈球形的趋势，甚至由于重力的作用，生活中常见的液体或者液滴都不呈球形。

图4-2-24　教材《说一说》栏目

为了弥补学生的体验缺失，教师带领学生一起观赏宇航员王亚平的太空课堂实验（图4-2-25）：液体在完全失重情况下变成球形。同时，教

师在这个过程中可以让学生感受到我国航天科技的迅猛发展，顺势进行爱国主义教育。

图 4-2-25　太空课堂——完全失重下的水滴

　　教学的最后环节，给学生展示两个有趣的演示实验。首先展示一个四面体框架（图 4-2-26），并向学生提问：如果把这个四面体框架浸入肥皂液后捞出，薄膜会是什么形状？很多学生根据直觉回答应该形成一个封闭的四面体。但是真正的实验现象并非如此。学生既兴奋又疑惑。教师再继续展示一个正方体框架，这个又会是什么现象呢？趁着学生兴趣高涨，教师继续进行实验（图 4-2-27），所呈现的薄膜图形精致美丽，然后在学生的惊叹声中布置本节课的课后探究作业——尝试自己重复刚才的四面体正方体薄膜实验，并进一步查阅资料解释图形形成的原因，做出探究成果，并以此去参加科技创新大赛或者小论文大赛，进一步激发学生的学习兴趣和探究热情。

图 4-2-26　四面体框架薄膜实验

图 4-2-27　学生实验图

五、实验改进反思

物理实验既是学习内容也是学习手段，本节课通过自制教具实验，动画模拟实验，优质的视频实验等途径，多渠道挖掘实验教学资源，激发学生兴趣，促进学生深度学习，提升学生核心素养，最终达成本节课的教学目标。

【高中化学典型案例】

模拟钢铁腐蚀原理的数字化实验

实验原理：金属的析氢腐蚀和吸氧腐蚀。

实验器材：铁粉、碳粉、3％NaCl 溶液、pH＝1 的稀盐酸、数字化实验数据采集器、O_2 传感器、压强传感器、温度传感器、具支试管、塑料瓶。

实验操作：

1. 演示吸氧腐蚀

取适量铁粉、碳粉在研钵中研磨搅拌均匀，置于滤纸槽中，送入三通反应器。连接 O_2 传感器、压强传感器、温度传感器（图 4-2-28）。滴加少量 3％NaCl 溶液，启动数据监测。等待约 30 分钟，保存数据曲线（图 4-2-29）。

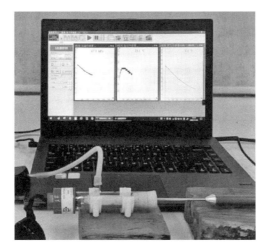

图 4-2-28　实验装置图

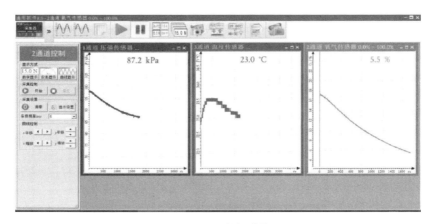

图 4-2-29　数据曲线图

2. 演示析氢腐蚀

取适量铁粉、碳粉在研钵中研磨搅拌均匀，置于塑料瓶中，加入 20mL pH=1 的盐酸和 3％NaCl 混合液。连接 O_2 传感器、压强传感器、温度传感器（图 4-2-30）。启动数据监测。等待约 50 分钟，保存数据曲线（图 4-2-31）。

图4-2-30　实验装置图

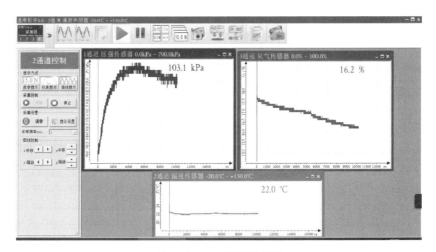

图4-2-31　数据曲线图

实验改进与创新：

对吸氧腐蚀，教师参考了教材上"铁钉-具支试管水柱倒吸检测"的方案，但发现该方案耗时较长，后又改进为使用"铁粉-活性炭-具支试管水柱倒吸检测"方案，但该方案容易因反应放热，造成初期气压增大，出现导管口向外冒气泡，让学生误判为析氢腐蚀，因此特别加入了温度传感器来监测温度变化。

准备实验的过程中发现使用过量的电解质溶液以及"三颈烧瓶"等大

容积的反应容器，都不能在较短时间内，明显检测到气压变化和氧气浓度变化，经分析和对比实验发现，较少电解质溶液（仅浸湿反应物）及较小体积的反应容器能有效提高传感器的响应速度。遂完善了上述演示方案，得到了较好的模拟效果。

对析氢腐蚀，教师没有沿用教材上"Zn－稀硫酸－硫酸铜"的方案，主要是考虑该方案与教学主线中以钢铁腐蚀为背景不甚匹配，也与我们期望引导学生建立的 O_2/H^+ 氧化性竞争模型不甚匹配。教师希望，设计的实验要突显钢铁的析氢腐蚀，所以准备继续选用吸氧腐蚀的实验装置。

在准备实验的过程中也遇到不少挫折，首先就是沿用吸氧腐蚀的装置发现，使用各种浓度的酸性电解质，都表现为吸氧腐蚀的特征，后经分析和对比实验发现，用大量的电解质溶液、大体积的反应容器，能在较强酸性的溶液中明显检测到析氢腐蚀。经多次实验，最后采用以 pH＝1 的盐酸和 3％NaCl 为电解质，使用约 20mL 电解质溶液，置于约 250mL 塑料瓶中反应。

选用塑料瓶的原因是发现氧气传感器体积过大，没有合适的大口径三颈烧瓶，不方便安装，难以保证气密性良好。经过对塑料瓶改装后，解决了传感器的安装和气密性问题。

通过上述两个实验，不仅让学生直观感受到吸氧腐蚀和析氢腐蚀的多维度的变化表征，还有侧重、有特征地模拟了真实的电化学腐蚀场景，帮助学生建立了分析竞争性氧化还原问题的思维模型。

实验反思：

这两个实验都基于引导学生认识"Fe－H₂O 体系的电势－pH 图"[6]，理解金属的电化学腐蚀主要是基于 O_2 或 H^+ 的氧化性差异而发生的竞争性氧化还原反应，形成对"竞争性氧化还原反应"问题模型的分析和探究思路。

竞争模型的基本特征就是：两种以上变化形式在同一个过程中同时存在，但又分别受相关因素影响，出现不同发展趋势。在"金属的腐蚀"教学中，教师需要设计实验，突显出吸氧腐蚀和析氢腐蚀两种趋势，并揭示出两种趋势在真实环境中的竞争关系。

从"Fe－H₂O 体系的 φ－pH 图"可以看出吸氧腐蚀是真实环境中占主导地位的。因此，需要对实验环境进行专门设计，有意识地放大析氢腐蚀，来展示客观存在的竞争关系。因此，对两种腐蚀的演示实验设计采用了不同的设计思路。

【高中生物典型案例】

"被动运输"一课的创新实验设计案例

课程标准内容分析

"被动运输"为人教版高中生物学教材必修1《分子与细胞》第4章第1节，属于课标中概念2下2.1"物质通过被动运输、主动运输等方式进出细胞，以维持细胞的正常代谢活动"的内容。

本节教学以细胞膜的结构和功能为基础，也是第2节主动运输与胞吞、胞吐内容学习的基础，课程标准中的教学建议是进行模拟实验探究膜的透性以及观察植物细胞的质壁分离与复原。其中，"探究植物细胞的吸水和失水"是高中生物学教材首个探究实验，对《分子与细胞》后面章节乃至高中生物学实验教学至关重要。

实验教学目标

基于教学内容和学生核心素养的发展，拟定了如下实验教学目标。

（1）通过模拟实验，学生能理解动物细胞通过渗透作用吸水失水。

（2）通过探究植物细胞的吸水和失水，学生能初步明确科学探究的一般流程，得到植物细胞原生质层相当于一层半透膜，植物细胞通过渗透作用吸水失水的结论。

（3）学生能够正确使用显微镜并制作装片。

（4）学生能够依据所学知识原理解释日常生活中的现象和解决日常生活中的问题，如为什么输液要用生理盐水。

实验内容和实验方法设计

1. 实验内容

本节教材先用渗透实验引导学生学习渗透作用及其发生的原理，然后给出水进出哺乳动物红细胞图文资料，学生通过类比推理，学习水进出动物细胞的原理，再通过一个探究植物细胞的吸水和失水的实验学习水分子进出植物细胞的原理。

2. 实验方法设计

（1）在学习水进出动物细胞的原理时，可以制作更为简易的渗透装置，用半透膜模拟细胞膜，在半透膜中盛装一定浓度的蔗糖溶液，模拟出红细胞。将其分别置于清水和高浓度蔗糖溶液中，从而模拟出红细胞在不同浓度溶液中的变化，可通过肉眼观察形态以及称重的方式对实验结果进行测评。

（2）探究植物细胞的吸水和失水的实验中，一定要注重让学生自己探究。为学生提供多样的植物材料、30%蔗糖溶液、清水，引导学生设计实验流程：先将植物细胞放在蔗糖溶液中，观察细胞变化（质壁分离），再将其置于清水中，观察质壁分离的复原。

实验材料：

1. 动物细胞模拟实验：半透膜、封口夹、烧杯、清水、10%的蔗糖溶液、50%的蔗糖溶液、红色颜料等。

2. 探究植物细胞的吸水与失水：黑藻、洋葱、水棉、载玻片、盖玻片、吸水纸、刀片、显微镜、镊子、烧杯等。

教学过程设计

1. 设问导入

联系生活实际，提出疑问：为什么输液要用生理盐水？然后给出资料进行解释，生理盐水的浓度和红细胞细胞质的浓度是相等的，在生理盐水中红细胞才能维持形态和功能的正常。进而产生新的疑问：红细胞在更高浓度和更低浓度的溶液中会发生怎样的变化？但是肉眼难以观察到细胞在这些溶液中的变化，所以可以进行模拟实验。

2. 模拟实验

实验过程：教师介绍细胞膜的特点，让学生在纱布、半透膜、塑料中选择合适的材料模拟细胞膜。再在半透膜中装上一定浓度的蔗糖溶液，便模拟出了一个细胞。学生通过模拟实验能够发现，红细胞在高浓度溶液中失水，在低浓度溶液中吸水，水分子总是通过半透膜从低浓度的一侧移动到高浓度的一侧。于是得出结论：动物细胞通过渗透作用吸水和失水。

3. 探究实验

【提出问题】

课件展示腌黄瓜，卖菜商贩通过洒水保持蔬菜新鲜的资料，使学生认同植物细胞也具有吸水和失水的现象。进而提出问题：植物细胞是否通过渗透作用吸水失水？植物细胞中是否能够找到类似于半透膜的结构？

【作出假设】

请学生分析动植物细胞在结构上的区别，介绍植物细胞壁、中央大液泡的相关知识。把知识当作资料呈现出来，学生根据已有资料做出合理的假设。

【设计实验】

引导学生以小组形式讨论并思考，如果假设是正确的，那么植物细胞也具备了发生渗透作用的条件之一，接下来只需要膜两侧具有浓度差，植物细胞就能发生渗透作用，出现吸水和失水现象。那么应该如何提供浓度差的条件？如果植物细胞发生了渗透作用，出现吸水和失水现象，又将出现哪些可观测的变化？从而引导学生设计出实验方案，锻炼学生的科学思维。

【实验验证】

学生以小组形式进行实验，教师提供洋葱、黑藻、水棉几种材料，让学生在显微镜下观察并选择材料进行实验。通过微课对装片的制作进行教学。整个过程学生进行自主探究，通过实验验证小组的假设是否正确。最后通过数码液晶显微镜投屏展示小组实验结果。

【得出结论】

根据实验结果得出结论：植物细胞原生质层相当于一层半透膜，植物细胞通过渗透作用吸水和失水。

【学以致用】

展示图文资料：关于植物"烧苗"，腌渍果脯保存时间长等现象。学生根据本节课所学解释上述现象。

4. 实验结果与自我评价

（1）动物细胞模拟实验：效果明显，通过称重和肉眼观察均能得到，清水组半透膜中液体增加，高浓度蔗糖溶液组液体变少。

（2）探究植物细胞的吸水与失水：几种植物细胞均能明显发生质壁分离，但有限的时间里质壁分离的复原只能在洋葱细胞中观察到，有可能是对于黑藻叶片细胞和水棉细胞来说，30%的蔗糖浓度过高。

教师通过本节课深刻意识到在教学过程中应该重视实验教学，相信学生的能力，敢于让学生设计实验完成实验，这样学生的科学思维和科学探究能力才能得到更好发展。同时也应该重视知识与生活实际相结合，最终学生学习的知识是要用于生活实际解决问题。最后，实验本身也需要教师倾注大量的精力，教师应该做好预实验以保证学生实验正常进行。

第三节　素养导向下高中实验创新的评价策略

实验创新的评价是对实验设计和实施中创新性的评估，教师通过课题研究建立了评价指标和评价模型。

一、建立素养导向的高中实验创新评价指标

（一）目的性

实验设计是否具有明确的目的，是否能够解决具体的科学问题或实现特定的教学目的。这个指标可以通过比较实验设计与教学大纲和课程目标的符合程度来评价。

（二）科学性

实验设计是否基于科学理论和实验证据，是否能够得出可靠的实验结果和结论。这个指标可以通过评价实验设计的理论基础和实验设备的选择来评价。

（三）创新性

实验设计是否提出了新的实验思路和方法，是否改进或优化了已有的实验设计，是否采用新方法解决已有实际问题，是否提出或探索了新的科学问题，是否打破传统思维和已有框架实现突破性进展。这个指标可以通过比较实验设计与其他已有设计的区别和优势来评价。

（四）可行性

实验设计是否能够在实验室或实际场景中实施，是否考虑到实验操作的安全和环保等因素。这个指标可以通过评价实验设计的操作流程和实验设备的要求来评价。

（五）教学效果

实验设计是否能够有效实现教学目标，是否能够提高学生的科学素养和实验技能，是否能够激发学生的学习兴趣和积极性。这个指标可以通过教师对实验教学效果的评价来评价。

（六）推广性

实验设计是否具有可复制性，以便在其他的学校、班级或实验室中得以推广和应用，是否具有可扩展性，以便在原有的基础上不断发展和完善。这个指标可以通过评价实验设计的社会推广效果和扩展效果来评价。

通过对这些指标的评价，可以全面评估实验设计的创新水平和发展潜力。同时，这些指标也可以为教师在实验教学中指导学生进行实验设计和评估提供参考。

二、建立素养导向的高中实验创新评价模型

在实验创新中，构建评价模型用于评估实验创新项目的各项指标，以便对实验创新项目进行定量或定性的评估和分析。评价实验创新水平时，需要综合考虑以上各个评价指标，以便全面评估实验的创新程度和质量。同时，还需要注意评价指标的权重分配，以确保评价结果的科学性和公正性。为此建立了高中实验创新评价计分表（表4-3-1）[7]。

表4-3-1 高中实验创新评价计分表

价指标	评分细则	分值	得分	定性说明
目的性（10）	1. 准确、简练地表述本实验设计目的、亮点，清晰地讲解达到实验目标的操作	5		
	2. 实验设计所蕴含的功能切实达到本实验设计的目标	5		
科学性（15）	1. 实验原理正确	2		
	2. 实验装置合理	3		
	3. 从实验现象到本质的推理科学严密	5		
	4. 实验操作规范、顺序正确	5		
创新性（30）	1. 实验设计思路有改进或创新	5		
	2. 实验内容有新的拓展	5		
	3. 实验方法有改进或创新	5		
	4. 实验装置或材料有改进或创新	5		
	5. 实验实施形式有改进或创新	5		
	6. 实验效果评价方法有改进或创新	5		
可行性（15）	1. 实验操作简便、实验现象明显	5		
	2. 实验所需仪器和药品为实验室常见，或在生活中易得	5		
	3. 实验所依赖的自然和社会环境易于实现	5		

续表

价指标	评分细则	分值	得分	定性说明
教学效果 (15)	1. 实验方案环保	5		
	2. 能指出实验可能出现的环境污染和安全隐患，并有相应的防范措施	5		
	3. 实验装置稳实、简洁、流畅	5		
推广性 (15)	1. 具有在一般教学条件下的可复制性	5		
	2. 具有可扩展性	5		
	3. 有成功的推广和扩展案例	5		
总体评价		总分		

　　构建评价模型，可以更好地了解实验创新项目的优缺点和推广应用价值，为实验创新项目的推广和应用提供参考。适当的实验创新评价策略可以促进实验教学的改革，推动实验教学内容和方法的不断创新和完善，提高实验教学的质量和效果。可以鼓励教师和学生进行实验研究和探索，加深对科学现象和规律的认识，提升学生核心素养水平。

参考文献

［1］岳晓东. 大学生创新能力培养之我见［J］. 高等教育研究，2004（1）：84.

［2］何静，王强. 论学科观念的内涵、价值与培育策略［J］. 教育科学论坛，2021（17）：8－12.

［3］学科思想的价值挖掘［J］. 福建教育，2014（Z5）：70.

［4］董顺. SO_2 与 Na_2S 溶液反应的理论分析［J］. 化学教学，2012（12）：76－77.

［5］杨博. 新课程标准下对高中生物学实验教学的思考［J］. 新课程，2022，（36）：94－95.

［6］傅鹰. 化学热力学导论［M］. 北京：科学出版社，1963.

［7］罗美娜，王海波. 高中化学实验创新评价体系的构建与实施［J］. 中学化学教学参考，2021（5）：56－59.

第五章　素养导向下高中实验教学创新策略研究

第一节　素养导向下高中实验教学方式策略研究

一、高中实验教学的传统模式

在传统的实验教学中，教师往往以实验讲解为重心，结合实验演示，主要以"先教后做"的方式进行实验教学。在传统模式下，教师和学生对实验的创新意识不足。学生在实验过程中缺乏有效思考，无法深度理解实验的本质，很难解决实验的关键问题。无法促进学生创新能力的提升，学生实验学习热情也随之减弱。个别教师还没有从根本上改变实验教学理念，虽然有教师已经进行了一些尝试，也取得了一定的成果，但仍未将其切实应用到实验教学中，因此也很难达到满意的实验教学效果。

随着教育的发展，传统的实验教学模式正在发生改变，也必须改变。学生不再仅仅依赖于课堂理论知识的讲解，而是通过实际操作来学习和理解实验理论知识，从而培养其自身的动手能力、独立思考能力。创新实验教学模式不仅可以帮助学生更好地理解和掌握知识，还可以激发他们的实验兴趣，提高学生独立思考和解决问题的能力，培养他们的创新精神。

传统的实验教学在课改的不断深入和推进下，已有不小的变化。现行使用的人教版教材在实验演示和学生实验部分都增加了更多可供师生选择的参考案例，在实验思路、测量原理以及实验步骤上都有所改进和创新。另一个重大变化是自制教具在教学中开始有了更加重要的作用和地位，广大师生根据教材内容选择生活中常见的物品，积极开发和使用自制教具，为传统实验教学注入了新的活力，这也是实验教学的重要手段之一。自制教具的使用不仅能有效提高学生的学习兴趣，还能使师生通过互动拉近彼此距离，通过教师的影响，进一步提高学生的动手能力，使学生学会用知识解决生活中的实际问题，真正体现了把学科与生活实际联系在一起的教学理念。另外，我国边远山区的教育经费相对比较紧张，学校的教学仪器不能满足新的实验教学需求，所以自制教具也成为这些地区实验教学的重要手段[1]。

综上所述，传统实验教学仍是基础实验教学的重要组成部分，其作用也不是数字化信息实验所能完全替代的，因此实验教学模式应以传统实验为基础，适当融合新的实验教学模式。

二、高中实验教学的现状与不足

（一）教师方面

1. 实验教学方式单一，缺少规范和新颖的实验教学方案设计

在实验课上教师要为学生提供更多的自主探索空间，鼓励学生尝试新的实验设计，而不是死记硬背教材中的实验，不能仅仅局限于学生的实验操作，忽视了激发学生的创新思维。教师还可以通过演示实验，让学生进一步模仿操作。这样学生就能更快地掌握实验操作，节省教学时间。如果不充分利用教学资源，仅靠教材上的实验设计，学生的创新意识很难被激发出来。

教师过分依赖"讲科学实验"的形式，让学生在下边"看科学实验"，这使得学生无法提升科学实验的创新能力，致使学生的探究兴趣下降，无法按照科学实验的原则和目的对内容加以革新，只能按部就班地按照教师示范或讲授的方法，一味机械地做实验，把它当成任务，这种心态很大程度上限制了实验教学活动的开展。

2. 实验课堂管理较差，探究性实验未得到足够重视

课堂管理是一项至关重要的教学活动，它不仅体现了教师的专业技能和创新思维，也是决定教学成功与否的关键因素，对提高教学质量具有不可忽视的作用。

虽然教师在实验操作环节上可以给予一定的重视，但仍不能完全满足学生的需要。因此，教师必须密切监督学生的操作，及时发现和解决实验中可能出现的问题，以保证实验的顺利进行，组织学生相互协作，保障实验教学的成效。教师在实验课堂上的工作量很大，需要花很多时间了解各组的情况。如果缺乏足够的精力，会导致有的小组的实验操作讲解不充分。

如果教师对课堂的管理不到位，可能会导致课堂纪律受到影响。良好的实验课堂管理能够营造和谐有趣的实验课堂氛围，特别是在小组合作学习中起到衔接作用，教师要重视实验课堂管理，推动实验教学的有序进行。

此外，部分教师对探究性实验也没有给予应有的重视。在实际教学中，许多教师并没有充分开展探究性实验课，他们将大量探究性实验转化为时间短、效果显著的验证性实验，这样会使学生的实验探究能力受到削弱。教师要高度重视探究性实验的作用，要秉持新的教育理念，为取得更好的实验效果而努力开展有效的探究性实验。

（二）学生方面

1. 学生还没有完全认识和理解实验的重要性

学生对于实验课的重视程度会影响他们的学习积极性，大多数学生非常喜欢实验课，但也有部分学生对实验的兴趣不浓。造成这种现象的原因很多，比如实验课不够有趣，或者实验内容枯燥，没有探究的乐趣。其中很大一部分原因，与学生自身主观上对实验课的重视程度是有关系的。

学生普遍认为，实验课的重要性不及其他课程，对自己的帮助也有限，因而对实验课的学习缺乏积极性，只有极少数学生能主动参与到实验中，从而影响到实验课的有效性。教师要激发学生的实验兴趣，帮助学生通过实验探究更好地认识实验课的重要性。

综上所述，学生对于实验课的兴趣主要来自好奇心，对于实验在理化生学习中的作用还没有清晰的认识。

2. 学生实验综合能力不足

有很多学生实验综合能力较弱。经常会出现操作不规范、实验仪器使用不当等情况。以物理实验课为例，主要表现为学生未能准确理解和掌握实验原理，没有明确教师布置的操作任务。结果导致只有一部分学生能勉强完成实验操作，还有一部分学生手足无措。同时，部分学生不能很好地归纳整理实验结果。在实验操作中出现问题，学生只能求助教师，自己缺乏分析问题的能力，很难自己动手解决问题。虽然学生可以在物理实验中获得创新思维的训练，但他们仍缺乏全面的实验认知，这就阻碍了物理实验教学的有序进行，使得物理实验教学效率较低。

3. 学生缺乏主体意识

许多学生对实验的兴趣不浓，他们对实验的参与程度有限，积极性较低，大多数时候没有机会亲身尝试。因此，实验教学应当尽量让学生独立思考，让他们有机会发现和解决问题，而不是让他们被动地完成理论推导，这样是无法真正掌握科研技术的。实验教学必须采取多元化的方法，让每个人都有机会去发现、去真正掌握其中的实验原理。

实验课是一门要求学生参与度很高的课程。无论是动手操作、设计实验方案还是小组交流，要想达到良好的效果，都必须提高实验参与度。如果只是被动接受，而不是积极参与，那么实验课的效果就会大打折扣。

三、高中实验教学模式的创新

（一）5E 教学模式

5E 教学模式由吸引（Engagement）、探究（Exploration）、解释（Explanation）、迁移（Elaboration）、评价（Evaluation）五个阶段组成[2]。由于每个阶段的英语单词都以字母 E 开头，因此简称 5E 教学模式。

1. 吸引（Engagement）

这是 5E 教学模式的准备阶段，是在了解学生已有知识的背景下，结合学生熟悉的生活常识，设计可以激发学生主动参与的情境。

2. 探究（Exploration）

这是 5E 教学模式的重要阶段，学生在问题的驱动下展开探究。教师可以在认知冲突中给学生足够的时间来找到解决问题的方法。

3. 解释（Explanation）

基于前两个阶段，在学生对问题形成了自己的认识后，教师鼓励学生思考和总结在探究过程中遇到问题的解决方法，形成自己的解释，并以自己擅长的方式进行表达（口头、投影、板书、情景演示等），对其他小组进行补充和改进，最终形成科学的概念理解。

4. 迁移（Elaboration）

这是基于维格茨基最近发展的区域理论的 5E 教育模式的扩展部分，教师应该把获得的科学概念应用到新的情境中，让学生尝试解决新的问题。教师要帮助学生更完整、更深入地理解科学概念。学生在最初几个阶段的学习效果如何，将在这个阶段得到验证。

5. 评价（Evaluation）

这是 5E 教学模式的最后阶段，评价的层次和方式不拘于形式，对学生在整个学习过程中表现出的观察能力、思维方式、学习习惯、迁移能力等进行综合评价，在评价过程中可以组织学生进行相互评价。以下是 5E 教学模式流程图（图 5-1-1）。

图 5-1-1　5E 教学模式流程图

（二）PBL 教学模式

PBL 教学模式[3]，全称为 Problem-Based Learning method，是基于现实世界的以学生为中心的教学方法。它起源于 20 世纪 50 年代的医学教育，并逐渐被应用于各个学科领域。PBL 教学的核心理念是通过设定实际问题或挑战来引导学生开展深入的研究性学习，以此来提高他们的创新思维、批判思维、自主学习和团队协作能力。在这种模式下，学生扮演着主动探索者的角色，而教师则更多地担任辅助指导的角色。它有以下四个主要特征。

1. 以问题为导向

一个好的问题既是学生开展学习活动的驱动力，也是贯穿整个学习过程各环节的线索。教师对问题的选取和设置至关重要，问题应与学生的生活情境相关联，应基于学生的最近发展区设置，可以一个问题或问题串的形式出现，逐渐增加问题的难度。这样，学生会在原有的知识或经验的基础上探究问题、解决问题，并因此获得新知识，进一步锻炼自身的思维能力与探究能力。

2. 以学生为主体

PBL 教学模式强调的是学生处于主体地位，是学习的主导者，而教师是学生学习过程中的引导者和评价者。教师通过真实的问题情境激发学生对问题探究的驱动力，学生发挥主观能动性梳理知识，有目的性地收集合适的资料，自主合作探究完成探究活动，与同学分享成果，不断提升自我表达的能力，充分发挥自身学习的主动性。

3. 以小组合作为主要形式

PBL 教学模式下的课堂围绕问题以小组合作探究的形式展开学习，根据小组成员的异质性，每人选择适合自己的角色，承担一定的职责，分工合作收集资料，通过成员之间的沟通交流，组内发生思想的碰撞，这样能驱动学生提出多种解决问题的方案。小组通过团结协作，共同解决老师提出的问题。学生可以增强合作意识，培养团队精神和批判性思维。

4. 评价多元化与及时性

PBL 教学模式强调评价的多元化和及时性，包括学生的自评、互评以及教师的评价等。在探究活动中，教师要对学生的进步和阶段性成果表示肯定和给予表扬；在实验中遇到学生出现错误的操作要及时制止与指正。教师在探究活动中根据学生的表现和成果进行评价，评价多以鼓励性评价为主，以提高学生学习的积极性。

对于 PBL 教学模式的基本流程，不同的研究人员结合自己的实践活动提出了不同的见解。课堂无论采用何种教学模式进行教学，都不能直接将流程照搬，必须结合实际进行适当调整，以适应学科教学的要求。例如，可以将 PBL 生物学实验教学模式的基本流程设置为问题引入→问题构思→解决问题→成果评价四个阶段（图 5-1-2）。

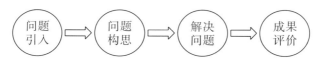

图 5-1-2　PBL 生物学实验教学模式基本流程图

第二节　素养导向下高中实验教学实施策略研究

一、实验微型化应用策略

在先进的教学理念指导下，课堂教学需要丰富的实验活动，学生应该更多地参与实验。部分教材实验中有的浪费药品，有的操作繁琐，有的存在安全隐患。中学实验的一些实验过程中会释放有毒气体，如化学实验中的氯气制备实验、二氧化硫制备实验、氨气喷泉实验等。有些实验仪器不方便携带，在实验室做演示不太合适，所以要对教材实验进行微型化改进和创新，把微型化实验应用到探究性实验教学中，通过问题驱动完成教学，新课标鼓励实验绿色设计，建议开展微型实验。常规实验可以让学生熟练操作仪器，系统地培养实验操作能力，而微型化实验可以把更多的实验带到课堂上，让学生充分参与实验教学，所以对一些高中实验进行微型化改进是一条必要途径，这也是新课标提出的重要要求之一。

（一）国外微型化实验的发展

早在 1835 年，爱尔兰教师 Reid 就提倡实验小型化。1925 年，Grey 出版了《化学实验的微型化方法》，这是一本早期的微型化实验教科书。20 世纪 80 年代初，美国一些高校的有机实验室成功地进行了微型化实验研究。到 20 世纪 80 年代末，其应用范围已扩展到无机化学领域。1984 年召开的第 187 届美国化学年会首次报道了他们的微型研究工作，对他们的经验加以分享。随着微型化实验的发展，美国公司及时推出了小包装试剂，与 Mayo 教材中的内容和仪器配套，学校可根据学生人数购买。第 18 届 ICCE 大会于 2004 年在土耳其伊斯坦布尔举行，会议直接将微型化实验列为会议的第一个主题。在国际物理、化学、生物等奥林匹克竞赛中，微型化实验也作为参赛的主要内容。20 世纪末，世界各国纷纷投入大量资金开发和应用微型化实验，为微型化实验在德国、瑞士、日本等国家的推广应用奠定了坚实的基础。

（二）国内微型化实验的发展

我国早期的教育工作者们对一些实验进行过微型化改进，主要目的是节约药品和改善工作环境。1990 年，全国第一届 ML（微型实验）研讨会在杭州师范大学主持召开。同年，微型化实验玻璃仪器和塑料仪器以及初中微型化实验箱都通过了相关部门的鉴定。1992 年，教育部就将微型化实验作为教学任务，编入中学教学大纲中。1995 年又将微型化实验仪器列入中学理科教学仪器配备目录中。1999 年中国也成立了全国微型化实验研究中心，主要负责规划和协调全国微型化实验的研发与应用工作。教育部 2001 年和 2003 年颁布的课程标准也提出开发和利用微型化实验来提升和培养学生的科学素养。

（三）微型化实验的"三化"[4]

1. 仪器微型化

微型化实验的仪器规格比常规实验仪器要小得多，但是微型化实验并不是简单地将所需要的仪器比例缩小，而是要在准确的实验原理指导下，对常规实验进行微型化设计和改进，这样既节省实验药品又可以获得不错的实验效果，所以随着微型化实验的发展，诞生了专门的微型化实验仪器。我国早在 1990

年就已经自主研发出微型化实验所需的玻璃仪器和塑料仪器，包括微型蒸发皿、微型试管、微型导管、六孔井穴板、双导气管井穴盖、多用滴管、九孔井穴板等。这些微型化实验仪器可以代替常规实验仪器，完成许多中学常规实验。在高中实验教学中，教师可以让学生充分利用生活中常见易得的物品进行微型化实验演示，特别是利用一些废旧物品作为微型化实验仪器，如生活中的矿泉水瓶、注射器、西林瓶等。这些物品便宜易得，变废为宝，大大降低了微型化实验的成本。所以微型化实验的实验装置不但便携，而且经济，应用于实验教学中非常可行。

2. 试剂微量化

与常规装置进行的实验相比，微型化实验使用的试剂量也大大减少。虽然国际上对微型化实验所用的试剂量没有详细的规定和标准界定，但在通常情况下，微型化实验使用的试剂用量一般只为常规实验用量的几十分之一乃至几千分之一，就可以达到准确、明显、安全、方便和防止环境污染等目的。而对于一些定性类的实验，实验仪器有时可以部分省略，直接在滤纸或者试纸上也可以进行。例如，在化学的微型化实验中常用到的试纸有 pH 试纸、紫色石蕊试纸、淀粉碘化钾试纸等。另外，由于微型化实验使用的试剂量远远小于常规实验的用量，所以产生的污染物往往也是常规实验的十分之一左右，实验风险方面更是比常规实验要小很多。因为产生的污染物少，所以也更容易处理，有利于环境保护，进而培养了学生的环保意识和社会责任感。

3. 实验趣味化

由于价廉易得、药品使用量少等优点，微型化实验让学生进行小组实验变得更加可能，每位学生都能真正地参与到实验当中来，更有利于学生培养自主探究意识。学生还可以自己动手制作微型化实验仪器，既可以利用废旧物品变废为宝，又可以将实验室仪器进行改造。比如对于实验室中常用的点滴板，师生可以用废弃的药片板、胶囊板代替来进行微型化实验，也可以利用一些医疗废弃物比如输液管、注射器、青霉素瓶等用于微型化实验。注射器有刻度可以方便学生清楚地读出溶液体积，有针头的注射器还可以轻松地进行移液，通过注射器的推动速度控制液体流速，便于控制反应速率，这些都非常适合微型化实验。这些自制仪器能提高实验趣味性，既节约和利用了资源，又有利于贯彻绿色实验的理念和方针，有利于培养学生的实验创新意识和绿色科学精神。

（四）微型化实验的应用原则[5]

1. 提高学生主体性

学生主体性原则指的是，在高中实验微型化改进与教学过程中，要充分保证学生的主体地位，让学生积极主动地参与到实验探究活动中。开发微型化实验的目的是促进学生全面发展。这与学生的基础知识、能力水平和身心发展规律密切相关。在强调学生主体性的同时，教师的主导地位也不容忽视。必须通过教师的"引导"慢慢培养学生的主体性，使学生成为实验探究活动的主体。而且在实验选择、实验设计、实验操作等步骤也都要充分体现学生主体性。因为每个学生都存在个体差异，所以要在保证学生主体性的基础上，再进行微型化实验的开发。

2. 坚持科学性

科学性指导原则是指在进行微型化实验开发过程中，每一个步骤，包括实验原理、实验操作、实验结论等都必须符合基础实验理论和科学研究方法。所以科学性就是检验微型化实验是否成功的重要标准。每个教师和学生都应该有严谨求实的实验态度，遵守科学性原则。虽然微型化实验的仪器小巧，所需试剂也是微量的，但是微型化实验绝不是随意盲目的，也绝不是娱乐活动。很多学生产生了微型化实验不是正规实验的错觉，认为微型化实验可以随意糊弄，这是完全错误的想法。整个实验设计和实验操作都应该遵循科学理论的指导，务必遵守科学性原则，以此来对学生的科学态度和科学精神进行逐步培养。

3. 追求绿色化

绿色化原则的重点是要在微型化实验开发和设计过程中，所有的步骤，包括实验设计、实验操作、实验结束后的废弃物处理等一系列过程中充分体现绿色实验思想。要尽可能产生极小的污染或直接避免污染的产生，彻底实现实验的绿色化。为了实现这个目标，从实验的设计、原料的选择、反应条件的选择、实验操作等都需要贯彻绿色实验思想。一些实验操作不可避免地会产生一些污染物，这就要求学生严格遵守操作规范，避免因操作不当产生污染，浪费药品。教师要注重向学生传授绿色实验的理念，使学生具备绿色实验的思想，最大限度规范实验操作，减少对环境的污染；让学生具备良好的环保意识，更好地参与到实验当中。

4. 保证安全性

安全性原则指的是在高中实验微型化改进与教学应用过程中，要确保师生的人身安全，实验的改进和优化必须在保证安全的前提下进行。常规实验中经常会遇到具有危险性的实验，而对于这些不易操作、具有危险性的实验，教师通常会选择黑板讲解或者借助多媒体播放视频等方法完成教学，这样会造成学生体验差，不能身临其境。所以针对这些具有危险性的实验，微型化实验通过对实验重新设计、减少药量来提高实验的安全性，实现安全化实验。在设计微型化实验时，要牢记"安全第一"，要对实验是否存在不安全因素，哪些步骤存在安全风险，通过哪些方法可以避免出现危险等问题进行深入思考。可以通过改进装置、增加保护装置、简化实验操作等方法来确保实验的安全性。一定要确保微型化实验的设计足够安全，才能进行实验。在进行微型化实验时，一定要遵守实验操作规则，避免因为违规操作造成危险。安全性原则必须贯穿微型化实验的设计和教学当中。

5. 现象直观性

现象直观性原则是指在高中实验微型化设计和操作过程中，虽然药品用量远少于常规实验，但是要保证实验现象直观和明显。要便于学生观察实验现象，从观察实验现象上升到对知识的理解和掌握，进而成功地完成教学目标，这也是课堂实验存在的意义。所以这就要求微型化实验要能和常规实验一样便于观察，甚至要更优于常规实验。对于现象不明显或不易观察的实验，可以从实验条件、实验操作、实验装置、实验原理、实验步骤等方面进行微型化改进，使这些实验可以取得药品用量少且现象又很直观的效果。学生可以通过对现象的观察和分析，来亲身感受实验前后变化的过程，在此过程中提升实验的兴趣。

6. 提升趣味性

趣味性原则是指学生在高中实验微型化教学过程中要收获乐趣，以激发他们的学习兴趣，所以必须提高实验的趣味性，让实验变得更加生动有趣。传统的实验一般是对知识的验证，缺少对知识的探索，抑制了学生综合能力的提升。而且常规实验追求实验装置和实验药品的规范，实验药品和实验仪器要有合适的器皿装配。利用生活中的一些物品来进行实验，对于常规实验是不正规和不科学的，也无法得到认可，所以必须选用合适的化学试剂进行实验。这就导致常规实验出现与生活脱节，缺少趣味性等问题。微型化实验在装置上利用生活中的一些物品替代了常规实验仪器，充分利用了矿泉水瓶、青霉素瓶、注射器、输液管等生活中常见的物品。在药品上也选用了很多生活用品进行替代，所选的实验内容也与学生日常生活紧密联系，这就使实验生活化。所以微型化实验可增加实验的趣味性，学生更乐意参与其中，提高学生的兴趣。

（五）高中微型化实验教学案例

【高中微型化实验教学案例 1】

探究硝酸的化学性质

一、教学背景分析

1. 教学内容分析

学生通过对普通高中教科书化学必修第二册《硫及其化合物》的学习，初步建立了非金属及其化合物的认知模型，为《氮及其化合物》的学习奠定了良好基础。尤其是浓硫酸的强氧化性，为本节课认识硝酸的强氧化性打好了基础。

2. 学生情况分析

（1）知识层面：学生已经初步建立非金属及其化合物的认知模型，具备了氧化还原反应的相关理论基础。

（2）能力层面：初步具备一定的化学实验观察、推理能力，基本能从观察到的实验现象得出相对应的实验结论。学生有一定的节能环保意识，有一定程度的科学探究精神和社会责任意识。

3. 教学资源分析

（1）微视频：常温下铝在浓硝酸中发生钝化，加热后铝与浓硝酸快速反应。

（2）图片：实验室久置的浓硝酸、著名科学家玻尔与他的金质奖章的故事。

（3）资料卡片：光照或加热条件下，浓硝酸分解出的二氧化氮溶于浓硝酸使溶液呈黄色。

（4）实验用品：多媒体展示台、铁架台、注射器、打孔橡胶塞、烧杯、铜片、浓硝酸、稀硝酸等（图 5-2-1）。

| 注射器 | 橡皮塞 | 铜片 | 浓硝酸 |

图 5-2-1　实验用品图

二、教学目标和重难点

1. 教学目标

（1）认识常见的化学物质，形成基本的化学观念和科学探究能力，进一步提高科学素养。本节课设计实验探究浓硝酸与铜的反应，借助氧化还原相关理论知识，使学生充分认识硝酸的强氧化性，实验探究综合能力及科学素养得到进一步提升。

（2）新课程标准对化学实验作了进一步要求：通过实验探究活动，使学生掌握基本的化学实验技能和方法，进一步体验实验探究的基本过程，提高化学实验能力。本堂课的实验探究环节，涉及发现、猜想、设计探究、得出结论等基本过程，可进一步提高学生的实验技能。

（3）培养创新意识和节能环保的社会责任感。

2. 教学重难点

（1）教学重点：硝酸的强氧化性（浓、稀硝酸分别与铜反应）。

（2）教学难点：浓、稀硝酸与铜反应的实验设计与推理。

三、教学过程

环节一：验证通性、发现特性

教师：请各个小组利用老师提供的 pH 试纸（若干），测定稀盐酸、稀硝酸和浓硝酸的 pH 值，观察实验现象并写出硝酸电离的方程式。

学生：小组合作进行对比实验，观察到三种酸都能使 pH 试纸变红。书写硝酸电离的方程式。

【设计意图】通过动手实验激发学生的学习兴趣，培养学生观察能力、动手能力。

环节二：探究特性（强氧化性）

教师：过一会儿，请同学们再观察这三张 pH 试纸的颜色，看看有没有新的发现。

学生：通过对比观察发现浓硝酸中的 pH 试纸红色已经褪去，而另外两张 pH 试纸仍保持红色。

教师：浓硝酸中的 pH 试纸为什么会褪色？请同学们猜想浓硝酸还可能具有什么性质？

学生：目前学到的漂白原理有三种（①强氧化型；②化合型；③吸附型），猜想浓硝酸可以漂白某些有色物质可能是浓硝酸具有强氧化性，从而将 pH 试纸漂白。

教师：那么，硝酸是否真的具有强氧化性呢？从元素化合价变化角度分析：硝酸中正五价的氮可能得电子使硝酸表现出氧化性。现在，我们一起来进行实验探究。教师提供的仪器和药品有铁架台、注射器、打孔橡皮塞、烧杯、铜片、浓硝酸等，引导学生探究浓硝酸与铜是否会发生反应，从而验证浓硝酸是否具有强氧化性（装置的密封性是实验成功的关键），图5—2—2是在实验室录制实验视频的场景。

图5—2—2　实验现象图

学生：铜与浓硝酸发生了反应，产生了红棕色的气体，根据对氮及其氧化物的学习可知红棕色气体为二氧化氮，说明反应产生了二氧化氮气体；铜片逐渐溶解、溶液变蓝→反应产生了铜离子。

学生活动：小组讨论浓硝酸的性质。

学生：通过讨论，我们认为浓硝酸具有氧化性，证明了猜想的正确。

学生活动：书写浓硝酸与铜反应的化学方程式和离子方程式。

教师：铜在金属活动性顺序中排在氢之后，活泼性不强，却可以被浓硝酸氧化，说明浓硝酸的氧化性强。那么浓硝酸是否能与排在金属活动性顺序中铜之前的金属反应，将其全部氧化溶解呢？请看老师课前录制的铝与浓硝酸作用的短视频。

教师播放视频。

教师：请同学们来描述刚才视频中的现象。

学生：铝与浓硝酸在常温下接触无明显变化，但是加热后铝与浓硝酸快速反应，生成了红棕色的气体二氧化氮，溶液也由无色变成了蓝色，说明钝化也是有温度条件的。我们小组讨论后认为储存和运输浓硝酸、浓硫酸时一定要注意防止高温或剧烈震荡，以免引发事故。

教师：展示图片（久置的浓硝酸），提供资料卡片（光照或加热条件下，浓硝酸分解出的二氧化氮溶于浓硝酸使溶液呈黄色）。

学生：通过图片和资料卡片提供的信息，我认为浓硝酸还具有不稳定性。

教师：根据浓硝酸的这个性质，你认为实验室应该如何保存浓硝酸呢？

学生：我认为应该选择棕色试剂瓶盛装浓硝酸，并且将其置于阴凉处保存。

教师：请同学们再观察三种溶液中的 pH 试纸，观察有没有发生新的变化。

学生：与稀硝酸接触的那张 pH 试纸也褪色了，而与稀盐酸接触的pH 试纸依然不褪色。

教师：根据这一新的现象，你们认为稀硝酸具有什么性质？

学生：稀硝酸应该也具有强氧化性，而且氧化性不如浓硝酸强。

教师：这位同学的推测对吗？我们一起来通过实验进行验证。

教师：提供实验仪器和药品——铁架台、玻璃注射器、打孔橡皮塞、烧杯、铜片、稀硝酸等。

引导学生利用稀硝酸和上述装置及药品探究稀硝酸与铜能否发生反应，从而验证稀硝酸是否也具有强氧化性，图 5－2－3 是在播放提前在实验室录制的视频。

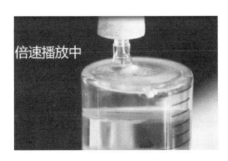

图 5－2－3　实验现象图

学生：铜与稀硝酸接触后反应速率不如浓硝酸快，但也能观察到铜片逐渐溶解，溶液变蓝→产生了铜离子；产生无色气泡，吸入空气后气体变为红棕色→反应产生的气体为一氧化氮。

教师：请大家根据刚才这位同学描述的实验现象，书写稀硝酸与铜反应的化学方程式和离子方程式。

教师：请同学们对比浓、稀硝酸与铜的反应，分析浓、稀硝酸，谁的氧化性更强？

学生：从反应的剧烈程度分析得出浓硝酸的氧化性比稀硝酸更强。

课堂延伸：介绍王水。

教师：在第二次世界大战中，作为诺贝尔物理学奖得主的丹麦科学家玻尔，在被迫离开即将被德国占领的祖国时，为了表明自己一定要返回祖国的决心，将自己获得的金质奖章溶解在一种溶液里，这种溶液叫作王水。王水是浓硝酸和浓盐酸按体积比 1∶3 配制而成的混合溶液。在王水与金的反应中，浓硝酸就主要起了氧化剂的作用。玻尔将溶解了金质奖章的王水摆放在柜面上。后来，纳粹分子窜入波尔的住宅，那瓶溶有奖章的王水就在眼皮底下，他们却一无所知。

在战争结束以后，玻尔回到家乡，又把金从溶液中还原提取出来，并重新铸成了更加光彩夺目的奖章。这枚诺贝尔金质奖章凝聚着玻尔对祖国无限的热爱和无穷的智慧！

学生：我们要努力学好科学知识，向科学家们学习。

【设计意图】培养学生观察并发现问题的意识。培养学生敢于猜想的科学态度；培养学生的观察能力、综合分析实验现象并作推理的能力。使学生感受科学家的无穷智慧与爱国情怀。

四、教学反思

1. 学生收获

（1）认识了硝酸的性质，了解了化学实验探究的简单流程：发现→猜想→实验→分析→结论。通过本节课的学习，能借助氧化还原相关理论知识充分认识硝酸的强氧化性，提升了实验观察、分析推理等综合科学探究能力，科学素养也得到进一步的提升。

（2）通过接触本堂课中设计的微型化实验装置，懂得实验精简化，学会如何节省药品，如何更好地保护环境。增强科学创新意识的同时也培养了节能环保的社会责任感。

2. 教师反思

（1）目标完成情况：通过既定教学环节的开展，学生的兴趣、知识、能力各个层面基本得到提升。本堂课涉及化学科学实验探究的一般流程，即：发现问题 →作出猜想→设计实验→实验验证→得出结论→归纳总结，使学生熟悉了科学实验探究的一般流程，有效地培养了学生的科学探究能力和团队协作能力。同时，在本堂课的实验探究过程中对实验装置进行了优化和创新，通过微型化的实验设计，使实验操作更简便，药品用量更节省，实验流程更环保，有效地培养了学生的科学创新意识和化学实验改进能力，同时也培养了他们关于环境保护的社会责任感。

（2）几点不足和思考：一是实验中用到的浓硝酸和稀硝酸的最佳浓度还有待进一步精确，使实验效果更佳。二是浓、稀硝酸与铜的反应中生成的气体往往都是多种气体混合物，本堂课中未能进行精细化分析。三是学生小组合作实验的经验还不够丰富，若能合理适当地增加一些动手实验，能使课堂更饱满，学生的动手能力也将得到锻炼。

【高中微型化实验教学案例 2】

"观察 DNA 和 RNA 在真核细胞中的分布" 教学设计

一、教学目标

（一）知识与技能

熟悉装片的制片方法、显微镜的观察方法。

（二）过程与方法

1. 初步掌握观察 DNA 和 RNA 在细胞中的分布。

2. 学会用甲基绿、吡罗红混合染液对 DNA 和 RNA 染色。

3. 学会运用比较、归纳等方法分析实验结果。

（三）情感、态度与价值观

培养学生的创新意识、合作探究能力、科学探究精神。

二、教学重点、难点

1. 教学重点：实验原理、显微镜的使用。

2. 教学难点：使用甲基绿、吡罗红对 DNA 和 RNA 染色。

三、实验原理与解析

1. 甲基绿和吡罗红两种染色剂对 DNA 和 RNA 的亲和力不同，甲基绿对 DNA 亲和力强，使 DNA 显现出绿色，而吡罗红对 RNA 的亲和力强，使 RNA 呈现出红色。用甲基绿、吡罗红的混合染色剂将细胞染色，可同时显示 DNA 和 RNA 在细胞中的分布。

2. 盐酸的作用。

（1）盐酸能改变细胞膜的通透性，加速染色剂进入细胞。

（2）盐酸使染色体中的 DNA 与蛋白质分离，有利于 DNA 与染色剂的结合。

四、实验器材

1. 材料：人的口腔上皮细胞、洋葱表皮细胞。

2. 用具：点滴板、大烧杯、小烧杯、温度计、滴管、消毒牙签、载玻片、盖玻片、铁架台、石棉网、火柴、酒精灯、吸水纸、显微镜。

3. 试剂：质量分数为 0.9％的 NaCl 溶液、质量分数为 8％的盐酸、乙酸钠、乙酸、蒸馏水、吡罗红粉、甲基绿粉（配制方法详见教材）。

五、教学过程

教学过程	教师活动	学生活动	设计意图
1. 创设情境，引入新课	DNA 指纹法在案件侦破中有着重要的作用。刑侦人员将从案发现场得到的血液、头发等样品中提取的 DNA，与犯罪嫌疑人的 DNA 进行比较就有可能为案件的侦破提供证据。因为 DNA 和 RNA 携带着我们的遗传信息，几乎存在于每一个细胞中，那么 DNA 和 RNA 在人体细胞中是如何分布的呢？	思考回答	由学生既陌生又熟悉的 DNA 指纹法，引起学生的好奇心，激发他们的学习兴趣。
2. 观看视频，教材解疑	请同学们观看实验视频，观看完成后再仔细阅读教材，找出幻灯片中列出的问题的答案：1. 实验目的及原理是什么？2. 质量分数为 0.9％的 NaCl 溶液有什么作用？3. 吡罗红、甲基绿染色使用时为什么要现配？4. 为什么要将涂有空腔上皮细胞的载玻片烘干？5. 大烧杯中 30ml 30℃温水的作用是什么？6. 冲洗装片时为什么是缓水流？7. 此实验是否可以用植物细胞完成，如果可以，方法步骤是否一致，请设计出实验。	学生观看视频，阅读教材，分组讨论回答问题，设计实验。	提出问题，分组学习，激发学生探究的欲望。
3. 分组实验，对比结果	将学生分组：学生四人为一小组，每小组提供两种材料，即人的口腔上皮细胞和洋葱鳞片叶细胞。讲解实验注意事项，明确实验要求；在实验过程中，教师巡视，及时给予学生帮助，解答其实验过程中的问题。	根据讨论的结果用两种材料实施实验，对比实验效果。	引导学生设计实验，培养学生创新意识和合作探究能力。
4. 讨论交流，得出结论	教师利用数码显微镜展示小组的实验结果。 小结：DNA 主要分布在细胞核中，RNA 主要分布在细胞质中。	学生代表展示实验结果，分析原因，得出结论。	让学生根据实验结果回答问题，培养他们分析问题的能力。

六、教学反思

在实验过程中，引导学生创新实验是一个难点，很考验学生的综合素质，在教学过程中很容易因为讨论时间掌握不好而无法完成教学任务，所以对于一些层次较好的班级，可以采用此方法，对于层级稍差的班级，教师可以直接给出以洋葱鳞片叶为材料的实验流程，解析操作原因，再让他们两种材料都操作，以加深对实验的理解。

二、实验一体化应用策略

实验在物理、化学、生物的新课标中都占据了非常重要的地位，基于真实情境的一体化实验题在中考、高考中出现的频率逐年增加。实验一体化应用策略以一体化思想在实际教学中的需求为导向，结合真实的问题情境，帮助学生深入认识中学实验与日常生活、生产的密切联系。从一体化思想的角度考虑实验的创新改进，基于一体化思想引导学生设计实验，在此过程中可以培养学生节约资源、保护环境等观念和意识。

（一）国外高中一体化实验教学发展现状

实验是培养学生创新思维，提高学生科学素质的重要方式，一直以来受到人们的广泛关注。国外对于高中实验的研究更加注重实验情境与实际生产生活的联系，注重实验的整体性、趣味性，重视对学生探究能力的培养。

20 世纪 50 年代末 60 年代初，美国强调在教学中要加强对实验教学的重视程度，让学生在动手实验的过程中学习和体验知识。在美国高中化学教材里，该版本教材设计了四种类型，分别是：导航、随堂、迷你以及家庭实验。在进行上述实验时，学生可参与整个实验过程，不但能够很好地锻炼学生的动手操作能力，而且还能提高学生对于实验的兴趣。以上四类实验都强调学生实验应在真实的情境中展开，致力于培养学生的一体化实验设计能力。

德国化学教材中也有大量的实验，超过一半的实验均设置成了学生动手实验，并且更加注重实验的时效性，关注社会热点问题。德国的化学教材更重视化学反应本质的分析，注重知识与实际生活的联系，其会设置一整个章节来介绍相关知识点的应用情境、学习价值、本质、规律等。由此可看出，德国的化学实验更加重视实验的情境性，更加侧重于实验的一体化设计。

（二）国内高中一体化实验教学发展现状

自进入 21 世纪以来，在几轮基础教育改革的推动下，化学实验的重要性日益突出，其研究内容、形式也变得多种多样。

在 2001—2003 年期间国家颁布了义务教育、高中化学课程标准文件，重点强调了课程结构的重要作用，进一步强调了以科学探究为核心的学习方式，致力于培养学生创新精神、概括能力以及实践能力。

2017 年国家颁布了新课标，进一步强调实验教学与实际生产生活的联系，也能够从另一个角度得出实验教学在整个教学体系中的重要地位。越来越多的同行及专家在进行实验创新的研究，研究数量的递增给出了一个非常清晰的讯号，创新实验在教学中受重视的程度变得越来越高。

（三）基于一体化设计思想的高中实验设计

1. 一体化实验设计思路

通过结合新课标，深挖教材内容，联系一体化设计思想在实际生产生活中的应用，并查阅相关文献，按照学科章节内容的特点，将实验分解成各个模块，构建本章的实验设计思路。

在进行实验设计时，要依据以下原则进行：

第一，安全性原则。近年来国家越来越强调实验室安全问题，安全问题是重中之重，所以在进行实验改进创新时，要将安全放在首要考虑的环节。

第二，科学性原则。教师在进行授课时不能出现科学性错误，实验原理、实验步骤等都需要具有科学依据。

第三，可操作性原则。新课标中要求培养学生动手能力，在设计实验时，要确保在条件允许的范围内使学生能够动手进行实验操作。

第四，简约性原则。繁琐的实验装置和繁杂的实验步骤会限制实验教学的开展，在进行实验创新时，要简化实验装置、简化实验步骤、节约药品[6]。

2. 一体化设计要点分析

（1）实验内容选取。

实验内容的选取是一体化设计的基础环节，通过分析新课标、各版本教材以及真实生产生活背景，提炼出可供整合的一体化实验内容。比如以"工业制硫酸"真实情境做背景导入，可以提出二氧化硫相关性质一体化实验设计，可将其看作是工业流程的缩影；以工业制硝酸为背景，可提出一氧化氮与二氧化氮相互转化一体化实验设计等。从上述两方面进行内容的选取，有理有据，创新性、实践性都非常强。

（2）实验模块确立。

对选取的内容进行实验模块的确立。例如，在高中化学中根据元素化合物内容的特点可以分为以下四个分模块，具体顺序依次为：物质的制备模块、物质的收集模块、物质的性质检验模块以及最后的尾气处理模块。以具体实例进行说明，在进行二氧化硫一体化实验设计时，可确立为 SO_2 的制备模块，SO_2 收集模块，SO_2 的酸性、氧化性以及还原性、能够使品红溶液发生褪色的性质检验模块，尾气处理模块。

（3）分模块预实验。

分模块预实验是整合一体化实验的关键性步骤，只有小模块实验验证成功之后，一体化实验才有可能成功。以二氧化硫相关性质一体化实验为例，将四个模块分别进行预实验，制备 SO_2 气体时，选择哪种方式制备二氧化硫气体速率最快；在检验 SO_2 的相关化学性质实验时，其酸性、氧化性、还原性、使品红溶液褪色实验必须分别进行预实验，确定清晰的实验现象。在分模块预实验步骤中不断优化实验步骤，明晰实验现象，最终得到一个满意的一体化实验设计方案。分模块预实验过程中最重要的一步为：关键性步骤的突破。例如，SO_2 能使何种品红溶液快速褪色，为突破该步骤可采取哪些实验措施是该模块预实验成功的关键。由此看来，关键性步骤的突破，在很大程度上影响实验是否成功，在这个过程中，学生要及时和教师进行沟通，根据教师的意见进行修改。不论是正式实验，还是进行预实验，在进行实际实验时，都要注意实验安全。

（4）一体化实验整合。

在分步预实验成功的基础之上，本着安全性、科学性、简约性、可操作性的原则，从装置的简化、装置的气密性、装置的完整性等角度出发，整合一体化实验。例如以 SO_2 实验为例，可将其制备与收集模块整合到一个装置中，因为其 4 个性质检验模块都涉及了颜色的变化，可尝试将所有颜色变化的实验整合到一起来观察对比实验现象。因此教师在进行该部分时要细细揣摩、认真研究课程标准中对于实验的相关要求，能够做到从整体的角度来对实验进行改进和创新，注重实验内容与实际工业生产的联系，提升学生的社会责任感。

3. 高中一体化实验教学案例

【高中一体化实验教学案例 1】

高中物理实验一体化教学实践路径

一、运用仿真，培养能力

在开展物理教学的过程中应用仿真软件，能够实现学生在线自主学习，不仅可深化学生对实验仪器、原理和过程等的认识，而且可有效节省实验教学的时间，为多样化实验教学的开展奠定良好的基础，从而延伸了实验教学的深度和广度，强化学生对物理知识的认识。而且仿真软件可以将几个实验进行整合，同时演示几个实验操作。在物理教学过程中，教师要先对仿真软件的内容有所了解，并将其融入基础实验教学中，这是仿真实验开展的第一步，也是有效进行物理知识预习的开端。借助仿真软件，学生能够更为直观地了解整个实验过程，也能够更加熟悉实验原理，提升预习效果。当学生在仿真实验室进行学习时，能够基于自己对实验的了解，对学习情况进行预估，了解自己的实验表现。仿真软件的应用能够让学生深刻理解所学知识的原理和内涵，有助于提升他们的自主学习能力和独立思考能力。

二、组织教学，营造氛围

1. 直观教学，强化理论

在高中物理教学中，教师可以通过对实际问题的讲解让学生看到物理原理的实用性，使学生逐步学会物理模型的建立方法，学会运用物理规律和原理来解释并解决实际问题。物理知识在生产与生活中有着广泛的应用，教师可以通过开展直观教学强化理论与实际的结合，营造富有探究性和活力的课堂。例如，在教学人教版《普通高中课程标准实验教科书·物理必修 2》第六章第一节"圆周运动"时，教师可以通过"翻滚过山车"让学生利用牛顿第二定律理解拱形桥最高点和凹形桥最低点的压力问题。通过列举生活实例开展物理教学，直观、生动、亲切，能够培养学生善于观察生活的习惯，从而达到更加理想的教学效果。

2. 加强兴趣，运用实物

教师可以结合物理学科的特点，充分运用多媒体手段创新教学方法，彰显物理学科的直观性和形象性，以更加逼真的方式引起学生的情感共鸣，增强物理课堂的表现力和感染力。尤其是对于一些传统教学手段无法呈现的现象，运用多媒体手段进行展示可以帮助学生更直观地观察和理解物理现象，更好地掌握其中蕴含的物理知识。多媒体教学手段的运用，不仅可以活跃物理课堂的气氛，激发学生学习物理的兴趣，还可以为学生构建想象与创造的空间。例如，在教学人教版《普通高中课程标准实验教科书·物理必修1》第三章第二节"摩擦力"时，教师可以为学生播放输送带送物的场景，让学生通过直观感受更好地理解生产生活中的摩擦力。利用多媒体手段辅助教学，使得物理课堂不再那么枯燥、无味，学生的注意力也会更加集中，逐步养成"主动观察—寻找问题—解决问题"的学习习惯，从而培养他们的物理综合素养[7]。

以上两个观点以一节摩擦力的教学实例具体说明：

实例1："静摩擦力"情境教学设计案例

综合考虑教材内容和学生特点，深度剖析《义务教育物理课程标准（2022年版）》，针对这部分内容给出的教学目标及情境素材，基于情境教学流程设计教学案例，在整个教学过程中创设复杂度逐渐递增的情境，促进学生核心素养的发展。

展示电梯上的行人、静止在空中的水杯等学生生活中常见现象的照片（图5-2-4、图5-2-5）。

图5-2-4 电梯上的行人　　　图5-2-5 静止在空中的水杯

教师提出问题：电梯上的行人和静止在空中的水杯都受到摩擦力的作用吗？学生观察图片，思考与第一课时滑动摩擦力的关联之处，教师借此引入"静摩擦力"，并通过类比得出产生静摩擦力的条件。通过呈现学生熟知的生活情境，引导学生通过类比滑动摩擦力和静摩擦力的概念，对静摩擦力初步产生感性认知，得出静摩擦力产生的条件，将生活现象与物理概念相结合，激发学生探求知识的欲望。

活动任务1：引导学生用假设法判断出水杯和行人所受静摩擦力的方向。

引导学生研究静止的水杯和电梯上的行人，教师提问：研究对象是否受到摩擦力呢？若不清楚，可以假设接触面之间突然变得光滑，此时研究对象会如何运动？那么静摩擦力对研究对象的作用是什么呢？摩擦力沿着哪个方向？如何验证你的猜想？

活动任务2：引导学生用状态法判断出水杯和行人所受静摩擦力的方向。

对静止的水杯和电梯上的行人进行受力分析，若要保持水杯静止，则静摩擦力的方向竖直向上，与假设中的运动方向相反。若要保持行人和电梯一起匀速运动，则静摩擦力的方向沿着斜面向上，与假设中的运动方向相反。结合活动1、2引导学生归纳出静摩擦力的方向以及判断静摩擦力方向的两种方法（图5-2-6、图5-2-7）。

图5-2-6　静止在空中的水杯受力分析　　图5-2-7　电梯上的行人受力分析

活动任务3：利用自制的摩擦力吊篮引导学生探究静摩擦力大小的变化因素。

向学生展示自制摩擦力吊篮，并介绍其组成（图5-2-8）。吊篮和横杆分别用一本书通过绳线连接，两本书之间没有粘连，是一页页叠合而成的，由于强大的摩擦力作用，可以悬挂起吊篮，使之悬停在空中。教师提问：若已知吊篮和下面一本书的总重量为100N，那么书本之间的静摩擦力为多少？当教师坐上吊篮，系统仍然静止时，若教师的质量为600N，那么书本之间的静摩擦力又为多少呢？

图 5-2-8　自制吊篮受力分析

　　对于情境中的物理问题，要确定研究对象，引导学生在情境中观察、感知现象的变化，并通过描述、比较、思考，针对物理情境提出问题和猜想，以培养学生的抽象概括能力。在学生初步得到答案后，教师要引导学生化抽象为具体，对研究对象进行受力分析，促进学生理解概念本质，为探究静摩擦力的变化规律做好铺垫。在"观察→猜想→验证→总结"的过程中获取物理知识，发展类比建模、抽象概括、化抽象为具体的科学思维。

　　提供带滑轮的木板、木块、钩码、细线、棉布以及 DIS 传感器，引导学生探究静摩擦力以及滑动摩擦力变化的相关规律。

　　活动任务 1：验证静摩擦力的大小与正压力和接触面的粗糙程度无关（图 5-2-9）。

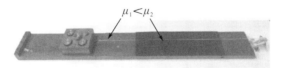

图 5-2-9　验证静摩擦力的大小与正压力和接触面粗糙程度无关实验示意图

　　首先组装好实验器材，木板置于水平桌面上，木块置于木板上，在木块上放置钩码，木板一端用细线通过定滑轮悬挂两个钩码，使系统处于稳定状态。通过受力分析可以得到此时木块所受的静摩擦力大小为 1N。引导学生增加木块上的钩码，目的是增大木块和木板之间的正压力，系统仍然静止。很显然此时静摩擦力大小仍为 1N，所以静摩擦力大小与正压力无关。紧接着，将木块置于二区域（棉布），目的是改变接触面的粗糙程度。此时，木块仍然静止，所以摩擦力大小仍为 1N。由上可得：静摩擦力的大小与正压力和接触面间的粗糙程度无关（图 5-2-10）。

图 5-2-10　教师实验验证静摩擦力的大小与正压力和接触面间的粗糙程度无关

活动任务 2：探究静摩擦力大小的变化规律。

现在保持其他条件不变，在细绳的一端增加一个钩码，发现木块仍然静止，可得此时的静摩擦力为 1.5N。继续增加钩码，木块静止，可得此时的静摩擦力为 2.0N。最终发现，当悬挂 4 个钩码时，木块恰好开始运动，可以得出：静摩擦力的大小随外力的变化而变化，当拉力突破某一特定值时，木块会滑动起来。此时木块和木板之间的摩擦力由静摩擦力转变为滑动摩擦力，可见静摩擦力的增大存在一个极限值，即为最大静摩擦力。所以静摩擦力的范围是：$0 < f \leqslant f_{Max}$（图 5-2-11）。

图 5-2-11　教师实验探究静摩擦力大小的变化规律

活动任务 3：最大静摩擦力与哪些因素有关?

4 个钩码的重量会使木块恰好开始运动。根据控制变量法，接触面粗糙程度不变时，在木块上增加钩码的个数会使木块继续保持静止状态。正压力不变的情况下，加大接触面的粗糙程度也能让木块继续保持静止。所以，物体的最大静摩擦力与物体间的正压力和接触面的粗糙程度有关（图 5-2-12）。

图 5-2-12　教师实验探究最大静摩擦力与哪些因素有关

活动任务 4：加入 DIS 传感器观测静摩擦力的变化。

将木板放置在水平桌面上，一端通过细线、滑轮与减速电机相连。然后将木块置于木板上，另一端与力传感器相连。当电机带动木板运动时，木块和木板经历由相对静止到相对滑动的过程，木块相对地面不动，传感器的拉力和摩擦力等大反向。启动开关，记录数据。通过系统反馈出的 $F-t$ 图像可以看出静摩擦力逐渐增大，超过最大静摩擦力后，两物体开始相对滑动，且最大静摩擦力大于滑动摩擦力。而在平时的计算中，最大静摩擦力等于滑动摩擦力。

通过对简单实验器材的改进和整合，随后基于所提问题引导学生主动思考并设计实验方案，分析实验现象（图 5-2-13）。结合 DIS 传感器，帮助学生学会获取和处理数据的方法，逐步养成自主分析数据得出结论的习惯，在实验中培养严谨的科学态度和合作意识。观察、表达、交流、推理、归纳是科学探究的基础能力，教师鼓励学生学会表述观察到的物理现象，然后进行合理推理，得出结论，提升学生的科学探究能力。

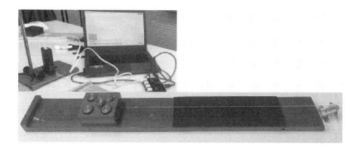

图 5-2-13　DIS 传感器观测静摩擦力的变化实验装置图

将课前的行人随电梯上升的情景进行加工利用，请学生分析，我们在商场随扶梯一起匀速上升时，是否受到静摩擦力的作用？若是，方向是怎样的？

通过活动的展开，引导学生利用已学知识解决熟悉情景下的复杂问题，加强学生对知识与生活的关联思考，培养学生的创新意识。在知识的内化→提取→再内化的过程中，形成系统的知识体系。同时引导学生发散思维，体会知识与生活、科技的关系。

学科核心素养是在真实情境中通过问题解决培养起来的，而教学就是要为学生创设丰富的真实情境，为学生的学习和发展提供脚手架。在实践中应以核心素养为统领，以真实情境为桥梁，将教学内容情境化，要充分考虑情境的四个要素（包括情境创设、情境导入、情境展开和情境设计），以发展学生的核心素养为依据设计教学流程，有指向性地创设情境、设计教学活动，意在促进学生对知识形成系统化的认知。在不同的情境中，学生要经历知识感知→抽象概括→提炼内化→应用的过程，从而建构正确的学习观念。教师要引导学生形成良好的科学思维，在实验探究过程中发展学生的探究能力。

用上述的实验器材可以完成对静摩擦力的探究，充分体现了以上观点。"摩擦力"建议安排两节课完成：第一节课由教师提问设置情境，演示实验；第二节课利用相同的器材分组探究滑动摩擦力的规律特点。

【高中一体化实验教学案例2】

重庆市级精品课——"制作简单的燃料电池"

一、教学目标

（1）理解燃料电池的工作原理。

（2）学会设计和制作一个氢氧燃料电池。

（3）学会设计和制作一个 Zn －空气燃料电池。

二、教学重难点

1. 教学重点

（1）燃料电池的工作原理。

（2）氢氧燃料电池的设计和制作。

2. 教学难点

氢氧燃料电池的设计和制作。

三、教学过程

环节一：制作一个氢氧燃料电池

教师：本实验的主要目的有如下两个，一是理解燃料电池的工作原理，二是设计和制作一个氢氧燃料电池。

教师：这是燃料电池的工作原理示意图。将燃料充入负极室，氧化剂进入正极室，燃料在负极失去电子化合价升高，失去的电子沿着外电路移向正极，氧化剂在正极得电子化合价降低，质子通过质子交换膜从负极移向正极，这样，闭合回路中就形成了电流。像这种将燃料和氧化剂的化学能直接转化为电能的化学电源叫作燃料电池。

教师：比如，以氢气作燃料，空气中的氧气作氧化剂，与其他仪器和药品共同构成氢氧燃料电池。教师给学生分析具体的反应原理，如果电池内部呈酸性环境，那么在负极：氢气失去电子化合价升高变成氢离子；在正极：氧气得到电子化合价降低，与氢离子结合成水。电池的总反应为：

氢气与氧气发生氧化还原反应生成水。如果电池内部呈碱性环境，那么氢气在负极失去电子化合价升高，变成氢离子后与氢氧根离子结合成水；而在正极，氧气得到电子化合价降低，与水结合成氢氧根离子，电池总反应与酸性环境一致。在分析电极反应时，一定要考虑电池内部所处的环境。在书写反应式的时候，先分析得失电子情况，再考虑电池所处的环境，最后检查方程式是否满足得失电子守恒、电荷守恒和质量守恒。

教师：理解了燃料电池的工作原理后，我们回到实验中来。本实验用到的主要仪器有 U 形管、石墨棒、直流电源、鳄鱼夹、导线、开关和电流表。用到的主要药品有 $1mol \cdot L^{-1}$ 的 Na_2SO_4 溶液、酚酞溶液。

教师：实验的第一步是电解水。在洁净的 U 形管中注入 $1mol \cdot L^{-1}$ 的 Na_2SO_4 溶液，然后向其中滴加几滴酚酞溶液，在 U 形管的两端分别插入一根石墨棒，并用鳄鱼夹、导线连接电源。再闭合 K_1，接通直流电源开始电解，我们一起来观察实验现象。（播放人教社视频 1）

在电解水的过程中，我们发现两极产生了气泡，而且阴极附近溶液变红了，这是为什么呢？

教师：这是因为在阳极，水失去电子化合价升高，变成氧气和氢离子；在阴极，水得到电子化合价降低，变成氢气，产生大量氢氧根离子，使溶液碱性增强，所以阴极附近溶液变红了。产生的氧气和氢气正好为我们接下来制作氢氧燃料电池提供了原料。

教师：当上述电解过程进行 $1 \sim 2min$ 后，我们打开 K_1，断开直流电源。将两根石墨棒用导线分别与电流表相连，闭合 K_2，我们一起来观察实验现象。（播放人教社视频 2）

教师：从视频中我们看到电流表的指针发生了偏转，说明制作的氢氧燃料电池可以正常工作。其中，正极的氧气得电子化合价降低，与水生成氢氧根离子；在负极，氢气失去电子化合价升高变成氢离子，电池的总反应为氢气与氧气发生氧化还原反应生成水。

教师：我们将电解水的原理与刚才的氢氧燃料电池工作原理进行对比（表 5-2-1），你发现了什么？

表 5-2-1　氢氧燃料电池正负极与电解水阴阳极对比

	氢氧燃料电池		电解水
正极	$O_2 + 4e^- + 2H_2O = 4OH^-$	阳极	$2H_2O - 4e^- = O_2 \uparrow + 4H^+$
负极	$H_2 - 2e^- = 2H^+$	阴极	$2H_2O + 2e^- = H_2 \uparrow + 2OH^-$

续表

氢氧燃料电池		电解水	
总反应	$2H_2 + O_2 = 2H_2O$	总反应	$2H_2O \xrightarrow{\text{通电}} 2H_2 \uparrow + O_2 \uparrow$

教师：我们通过对比不难发现，电解水过程产生了氢气和氧气，将电能转化为化学能，而氢氧燃料电池工作时消耗了氢气和氧气，将化学能转变为电能，二者的物质转化和能量转化正好是相反的过程。

【设计意图】通过氢氧燃料电池的原理分析和设计制作，培养学生的实验创新意识、实验设计能力。

环节二：设计制作金属燃料电池（以锌－空气燃料电池为例）

教师：同学们，其实，燃料电池除了使用常见的燃料，如氢气、甲烷、乙醇等，还可以使用一种特殊的燃料，那就是金属，构成金属燃料电池。金属燃料电池以活泼金属为负极，失电子化合价升高，空气中的氧气在正极得电子化合价降低。它被称为 21 世纪最具开发前景的绿色能源之一，因为它具备许多优点，比如原材料丰富、能量密度高、轻便、安全可靠、环保、价格低廉等。今天，我们也可以来制作一个 Zn－空气燃料电池。用到的主要装置有：铜片、锌片若干，滤纸，带鳄鱼夹的导线，塑料棒（塑料棒可以将多个锌－空气燃料电池串联在一起，增加电池的电量）（图 5－2－14）。用到的主要药品有 $1\text{mol} \cdot \text{L}^{-1}$ 的 Na_2SO_4 溶液、活性炭，其中硫酸钠溶液可以提升电池的导电能力，活性炭可以吸附空气中的氧气，提升氧气的浓度，从而提升电池的工作效率，而且，活性炭本身的导电能力也很强。接下来，我们一起来看实验过程。（播放课前录制的实验视频）

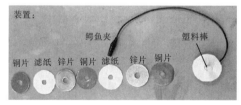

图 5－2－14　自制原电池实验装置图

教师：通过今天的学习，我们理解了燃料电池的工作原理，学会了设计和制作一个氢氧燃料电池。通过课堂延伸，我们学会了设计和制作一个锌空气燃料电池。同学们，你学会了吗？动起手来吧，你也可以设计和制作一个燃料电池！

【设计意图】通过锌—空气燃料电池的原理分析和设计制作，培养学生的实验创新意识和实验设计能力。

【高中一体化实验教学案例 3】

制作泡菜并检测亚硝酸盐的含量

一、教学指导思想

课标指出：高中生物学课程要求学生主动地参与学习，在提出问题、获取信息、寻找证据、检验假设、发现规律等过程中学习生物学知识，形成积极的科学态度，发展终身学习及创新实践能力。

"制作泡菜并检测亚硝酸盐含量"是人教版高中生物选修 1《生物技术实践》模块专题 1"传统发酵技术的应用"中课题 3 的内容。课标指出：在本模块的教学中，教师既要使用讲授演示的方式进行教学，更要为学生提供实验条件及必要的参考资料，指导其设计和进行实验。为帮助学生理解"发酵工程利用微生物的特定功能规模化生产对人类有用的产品"这一概念，促进学生生物学科素养的提升，应开展利用乳酸菌发酵制作酸奶或泡菜的教学活动。学生只有亲手操作才能更好地理解生物科学知识，学习科学实验方法。

二、实验教学分析

（一）教材分析

"制作泡菜并检测亚硝酸盐含量"介绍了乳酸菌发酵和亚硝酸盐的基础知识，以及泡菜制作和检测泡菜中的亚硝酸盐含量的两部分实验操作。本实验原理简单，但试剂繁多，操作复杂，周期较长。

（二）学情分析

学生通过高中生物近两年学习，20 多个实验和探究活动的尝试，形成了一定的科学探究和实验操作技能，通过本专题前两个课题相关实验操作和分组汇报实验成果，具备了一定的实验现象观察、结果统计和汇报实验的能力。但是学生缺乏持续实验操作的耐心和毅力以及实验相关试剂配制的经历。

（三）教学重点、难点

（1）教学重点：泡菜制作的原理和亚硝酸盐的相关知识。

（2）教学难点：制作泡菜，用比色法测定泡菜中亚硝酸盐含量的变化。

三、教学目标

（1）通过对教材和学案资料的分析和讨论，能说出乳酸菌的应用和亚硝酸盐的危害。

（2）通过查阅相关资料，利用大学食品专业等生物学资源，小组合作探究，对教材中制作泡菜和检测亚硝酸盐的含量实验方案改进创新。

（3）通过制作泡菜并检测亚硝酸盐含量的实验操作，能分析得出泡菜制作中出现问题的解决方案以及亚硝酸盐含量变化的规律和原因。

（4）能够为建立良好的饮食习惯提出有价值的建议。

四、实验改进创新

（一）改进实验材料用具

（1）本课题实验所需器材用具较多，调研本校实验室相关设备条件后，考虑到相关实验器材数量和规格限制，将实验试剂用量缩减十分之一，因此配制的标液也是浓度缩减十倍的标液（图5-2-15）。

（2）由于本次实验开展时间是五月份，市场上白萝卜几乎罢市，实验材料改为豇豆（图5-2-16）。

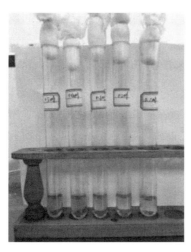

图5-2-15　配制标液　　　　图5-2-16　实验材料图

（3）若按照教材所说用榨汁机粉碎泡菜，效果很差，在实验中改为先用菜板将豇豆剁碎（图5-2-17），再用纱布包裹豇豆，人工挤出汁液（图5-2-18）。

（4）实验室没有比色管，将试管加上塞子当作比色管使用。

（5）教材上用移液管吸取转移溶液，实验室有移液枪，量取溶液方便准确（图 5-2-19）。

图 5-2-17　剁碎豇豆

图 5-2-18　人工挤汁

图 5-2-19　移液枪量取溶液

（二）摒弃某种实验试剂

课标在实施建议中提出教师需要注意实验教学的安全教育。本实验提到提取剂：称取 50 克氯化镉与 50 克氯化钡。查阅相关文献，发现镉离子是毒性很强的重金属离子，考虑到中学实验条件有限，无法处理含镉废液，因而本实验中不用含有氯化镉的提取剂。实验发现不用提取剂仍能达到很好的检测效果。

（三）利用社会生物学资源

学生在探究检测亚硝酸盐含量的创新实验方案中，买了相关试纸，向化学老师、重庆市南岸区环境监测站站长和大学食品专业教授咨询了关于检测亚硝酸盐的方法，并查阅人民教育出版社网站，充分利用相关资源，最终确定摒弃提取剂的试验方案。在此过程中，获取有用信息。

（四）课时安排

本实验周期较长，若按常规实验安排需要两周才能完成，而且每次实验需要近一个小时。考虑到一些学生缺乏持续实验操作的耐心和毅力，将全班同学被分成八个小组，从泡菜制作第四天开始，对泡菜中的亚硝酸盐含量进行为期 10 天，每隔一天检测。八个小组每次每组派两名同学，保证其中一名同学之前已经做过实验，以便教另一名同学做实验，开展生—生教育，减轻老师和学生负担。

五、课前准备

（1）材料准备：泡菜坛、豇豆、胡萝卜、大蒜、生姜、辣椒、花椒、白酒、食用盐、烧水壶等。

（2）实验试剂准备：由班上爱做生物实验的同学组成"先行者"完成相关实验试剂的配制和亚硝酸钠标准显色液的制备。

（3）学生技能准备：学生通过前两个课题的实验操作和成果汇报，已经初步掌握了简单的实验操作和结果统计以及汇报实验的能力。

六、实验教学过程（表 5-2-2）

表 5-2-2　实验教学过程

教学过程	教师组织和引导	学生活动	教学意图
（第一课时）活动一：教师提供参考资料，学生自学基础内容	（1）播放《舌尖上的中国》第二季第五集《家常》关于四川泡菜制作的片段。（2）分发学案，引导学生自学基础。	学生通过观看视频，知晓泡菜制作的大体过程。根据教材和学案内容自学乳酸菌和亚硝酸盐相关基础内容。	让学生感知课题的社会价值，激发学生学习和动手操作的兴趣，引出本节课题实验。

教学过程	教师组织和引导	学生活动	教学意图
活动二：教师提供相关资源，学生改进实验方案	(1) 引导学生通过上网，发现提取剂中镉的问题。 (2) 本实验需要用到50g氯化镉，用量太大，用完后不能直接倒入水槽排出，应该交由处理实验室废液的专门机构进行处理，考虑到中学实验条件和经费有限，引导学生探究更好的检测亚硝酸盐实验方法。 (3) 社会生物学资源提供机构：重庆市南岸区环境监测站。 (4) 提供网络资源：通过淘宝购买检测亚硝酸盐试纸。 (5) 社会生物学资源提供者：某大学食品专业的教授。 (6) 几番周折，依旧回到起点，只能硬着头皮，用教材上的方法做。接下来教师引导学生思考，提取剂在本实验到底起何作用？有没有替代方案或者可以不用呢？并给学生推荐人民教育出版社网站。 (7) 和学生商讨，一起确定实验方案。	(1) 了解镉是一种毒性极强的重金属离子，是造成1931年日本出现全球皆知的"痛痛病"的罪魁祸首。 (2) 首先想到问化学教师，化学教师提出用高锰酸钾作为指示剂滴定亚硝酸钠，但经证实，该方法适用于亚硝酸根离子浓度较大的溶液。 (3) 在教师帮助下，咨询了南岸区环境监测站的站长，因环保部门用的是专门检测亚硝酸盐的仪器，仪器太大，不可能借用到学校。 (4) 网上找到检测食品中亚硝酸盐的试纸，按照使用说明操作后效果不明显，又果断放弃。 (5) 学生咨询食品专业的教授，得到国际标准检测亚硝酸盐的方法即教材中的方法。 (6) 学生通过该网站查阅本部分内容教材编写意图，发现提取剂和氢氧化铝的作用都是吸附泡菜汁液中的碎片和有机大分子。 (7) 经过教师和学生们的协商，只用氢氧化铝，不用提取剂，确定实验方案。	(1) 发展学生社会责任的学科素养。 (2) 在确定方案过程中，锻炼了学生获取信息，寻求证据的能力。
(课后进行)活动三：教师提供实验条件，学生实施实验方案	(1) 教师提供实验所需器材和材料，考虑到经费有限，八个小组中选四个兴趣小组进行泡菜制作的实际操作。 (2) 选班上爱做实验的同学组成"先行者"，教师指导其完成溶液的配制和标液的制备。 (3) 泡菜制作第四天开始，每组安排两名同学，通过教师指导学生，学生指导学生共同完成亚硝酸盐含量的测定。	(1) 分组探究玻璃坛与陶坛、是否加入老坛水两组变量对泡菜腌制的影响，成功制作四坛泡菜。 (2) 从泡菜制作第四天开始，为期10天，每隔一天检测四个泡菜坛中泡菜的亚硝酸盐含量。八个小组每次每组两名同学，保证有一名学生之前做过实验，以便教另一名学生做实验，开展生—生教育，减轻教师和学生负担。	通过亲手实践，加深学生对实验原理、过程和结果的理解，落实理性思维和科学探究的学科素养。

续表

教学过程	教师组织和引导	学生活动	教学意图
（第二课时）活动四：教师提供展示平台，学生汇报实验成果	（1）组织学生进行实验交流、汇报，提出合理建议。 （2）引导学生分析实验结果，得出实验结论。 （3）通过实验结论，首先引导学生思考亚硝酸盐含量先增加后减少的原因；其次让学生明白在生活中，制作泡菜要加入一部分老坛水，减少亚硝酸盐的产生。最后，学生分析得出亚硝酸盐含量最高的时期是第八天到第十二天，以此让学生明白少吃"跳水萝卜"的原因，形成健康的饮食习惯。	（1）学生甲汇报制作泡菜的过程并播放制作过程的视频，以便另外四个未做实验的小组通过视频学习泡菜的制作，同时提出在实验过程中遇到泡菜坛内生白膜和坛沿的水中生虫的问题，引发全体学生讨论，最终得出问题出现原因和解决问题的方法。 （2）学生乙汇报检测亚硝酸盐含量的过程，明确在操作中摒弃提取剂，只用氢氧化铝吸附仍能达到澄清泡菜的样液，得到明显的颜色变化的目的。最终将所有实验数据整理，得到如图5—2—20所示结果。全班同学分析该曲线变化，得出亚硝酸盐含量先增加后减少的变化结论。	

第四天

第八天

第十二天

图5—2—20　泡菜变化图

七、实验结论

（1）陶坛与玻璃坛对泡菜中的亚硝酸盐含量无影响。亚硝酸盐在泡菜制作过程中总体变化是先增高，后降低。

（2）亚硝酸盐在新制盐水中高于加过老坛水的泡菜，在生活中，制作泡菜要加入一部分老坛水，减少亚硝酸盐的产生。

（3）亚硝酸盐含量最高的时期是第八天到第十二天，因而要少吃"跳水萝卜"，形成健康的饮食习惯。

八、方案改进延伸

将课题延伸，学生自己设计实验证实隔夜茶中亚硝酸盐含量是否会增高而真的毒如蛇呢？让学生进一步掌握亚硝酸盐测定的方法。

九、教学体会反思

（1）选择生物技术实践模块相关内容进行实验教学具有重要意义。学生的亲自参与和体验是不可取代的学习方式。对于实验条件有限的学校，教师可以创造条件，就地取材，因陋就简开展实验，实验步骤可以"简"，但学生知识储备不能"陋"。

（2）将本实验所用豇豆汁液送往当地大学实验室检测，探究正常程序检测值和实验改进后的检测值有无区别。根据检测值来确定本实验改进的合理性。

（3）请与食品专业相关的专业人士对本实验课题内容向全体学生开展讲座，让学生更好地了解相关内容，并以此指导学生培养健康的生活方式。

三、实验数字化应用策略

（一）数字化实验教学的优势[8]

1. 强大的数据收集能力

利用传感器、收集器和计算机，可以在短时间内随时获取大量数据。例如，在"探索细胞大小和物质运输关系"实验中，测量过程中繁琐的计算就可以省略。

2. 灵活的数据处理能力

可以连续自动采集，也可以采用人工采集的方式，让学生轻松获得实验结果，为学生提供舒适的科学探究环境。

3. 实验现象和结果明显

测量的数据易于观察，由电脑自动绘制曲线，以便通过图形得出结论。

4. 测量精度高

通过传感器可以感知外界环境的瞬间变化，扩大了实验研究的范围。例如，在探索生物体保持 pH 值的稳定性、探索影响光合作用的因素等实验中，传统的仪器设备只能定性得出精度不高的实验数据。

5. 实验环境具有开放性

实验仪器体积小，携带方便，可在实验室、教室、室外进行实验，适用于分组实验、课外实验等。

6. 学生的课堂探究时间长

在具体的实验操作过程中采用数字化实验，可以简化课堂教学的程序，延长学生独立学习的时间，有利于探究性实验教学的开展。

7. 可以进行实验内容的扩展研究

例如，在研究光合作用的影响因素时，在外界不同因素的影响下，可以比较光合速率的大小。对不同感应器的组合可以进行实验的再挖掘，例如利用色度计对蛋白质的作用进行探索。

8. 能在课堂时间内完成传统实验不易完成的实验

例如，在探究酵母菌的呼吸方式时，在传统实验条件下，课堂时间往往太紧，而数字化实验则完全可以在课堂时间内完成。

数字化实验曲线呈现的结果非常直观，且操作简便，减少了繁琐的人工计算，大大简化了课堂教学程序。由于时间充裕，课堂反馈环节得以及时开展，数字化实验可以弥补传统实验的许多不足，能够极大地支持高中实验教学的改革。

（二）高中数字化实验教学案例

【高中数字化实验教学案例1】

探究影响植物光合作用强度的环境因素

影响光合作用的主要环境因素有光照强度、二氧化碳浓度、温度等。本实验包括三个小实验——探究光照强度、二氧化碳浓度、温度对光合作用强度的影响，以"光照强度对光合作用的影响"为例。

一、实验目的

本堂课重在提升学生的科学思维和科学探究能力，既要注重探究性学习，又要注重学习目标的达成。学生通过结合光合作用的过程和原理，尝试使用新的仪器设计和实施实验，分析数据得出结论，理解光合作用的原理及其影响因素，并能分析、解释一些实际生产现象。

二、实验内容设计

（1）通过光源不同挡位设置光照强度，使用光传感器精确测量出对应的数值；再利用溶解氧传感器测定不同光照强度下溶解氧的含量变化。

（2）用七色灯设置不同颜色的光（绿、白、红、蓝），再用溶解氧传感器测定不同颜色条件下溶解氧的含量变化。

三、实验方法设计

原教材实验的主要方法是利用打孔器、注射器和植物的绿叶获取圆形叶片，控制台灯和实验装置的距离，进而控制光照强度，通过计数装置中圆形小叶片的上浮数量确定氧气释放量的指标，而教材中只是简单提到可以用化学传感器来测定氧气浓度。

本实验选用黑藻作为实验材料，黑藻为水生植物，光合作用释放的氧气可溶解在水中形成溶解氧，光传感器测定黑藻接受的光照强度，溶解氧传感器可测定不同光照强度下黑藻所处溶液的溶解氧量。使用七色灯调节黑藻接受的光质并且测定在绿光、红光、蓝光、白光条件下溶解氧量，通过一系列的改进，将教材中的实验改为更加精确的定量实验（图5-2-21）。

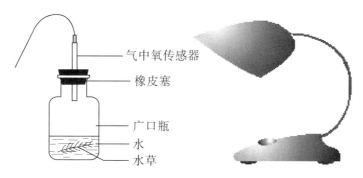

气中氧传感器

橡皮塞

广口瓶

水

水草

图5-2-21 实验装置图

四、教学过程设计

1. 实验原理分析

在一定范围内光合作用释放的氧气量随光照强度的增加而增加。根据叶绿体色素的吸收光谱，不同颜色的光吸收比例大小的顺序为绿光＜白光＜蓝光或红光，因此光合作用氧气释放量随光颜色的不同而改变。

2. 实验仪器和材料

光传感器、溶解氧传感器、磁力搅拌器（使溶解氧分布均匀）、七色灯（可以调节光亮度和光质）、2％的 $NaHCO_3$ 溶液、黑藻等。

光传感器和溶解氧传感器可以通过数据线与数据采集器连接，数据采集器再与电脑连接，两种传感器测得的数据通过数据采集器传入电脑，电脑安装的数字化信息系统通用软件可将光照强度和溶解氧量的数值直接显示出来，可以生成动态曲线，并绘制数据表格。此外，该系统还具有截图、录像等功能（图5-2-22）。

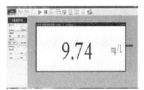

图 5-2-22　实验装置图与实验数据图

3. 方法步骤

（1）取三个锥形瓶编号 A、B、C，分别加蒸馏水 200mL，用电子天平分别称取 10g 黑藻分别加入 A、B、C 中，再分别加入 2% 的 NaHCO₃ 溶液 50mL。连接锥形瓶和溶解氧传感器探头，将锥形瓶放置于磁力搅拌器之上。

（2）先用数据连接线一端连接溶解氧传感器，另一端连接数据采集器的接口。再用第二条数据线一端连接光传感器，另一端连接数据采集器的另一个接口。最后用一条蓝色的总数据线连接数据采集器和电脑，打开电脑数字化信息系统通用软件，点击软件中采集器 1（显示光照强度）和采集器 2（显示溶解氧量），调试光源的光照强度以及光的不同的颜色。

（3）一切安装就绪后打开磁力搅拌器使溶解氧分布均匀。测定 A、B、C 中初始溶解氧量，调节灯泡亮度，将 A、B、C 瓶分别置于强中弱三种光照强度下（利用光传感器测得具体数值），30min 后记录三组数据。通过数据对比可以发现，随着光照强度降低，装置中的溶解氧量减少。

（4）另取三个锥形瓶编号 D、E、F，采用和 A、B、C 同样的方式在每个锥形瓶中各加入蒸馏水 200mL、黑藻 10g、2%NaHCO₃ 溶液 50mL，测定 D、E、F 瓶中初始溶解氧量。打开磁力搅拌器，在同一光照强度下调节绿光、蓝光、红光，30min 后记录溶解氧的含量。通过数据对比可以发现，红光和蓝光照射下的溶解氧含量变化较大，而绿光照射下，溶解氧的含量几乎不变，说明绿藻吸收红光和蓝光的比例远大于绿光。

4. 学生操作

教师引导学生分组探究，实施实验，不断试错，记录数据，绘制表格和曲线。

五、教学反思与自我评价

（1）本实验相对于原教材实验能够增强学生的动手能力和团队协作能力，激发学生的探索欲和求知欲。能使学生熟练掌握先进实验仪器的使用方法，紧随科技发展的步伐，让学生意识到科学的发展和精密仪器的发明是相辅相成，相互促进的。

（2）该实验能够准确测量锥形瓶中溶解氧的含量，但实验在实施过程中受环境以及人为操作因素的影响很大，锥形瓶内黑藻接受的光照强度实际上是传感器探头接受的光照强度，如果没有设置好光传感器探头与锥形瓶的距离，就会产生较大的误差。

（3）几个实验组的光照强度设置偏低，各组数据之间差别不大，$NaHCO_3$ 的用量不足可能导致黑藻光合作用 CO_2 供应不足，所以光照强度的设置和 $NaHCO_3$ 的用量还需要进一步探究，如果使用 CO_2 传感器可准确测定溶液中 CO_2 的量，并可再增加一个自变量，探究 CO_2 浓度对黑藻光合作用放氧量的影响。

光传感器与溶解氧传感器只有一套，无法严格按照对照实验的原则对A、B、C组或D、E、F组同时进行实验，只能依次进行，也就无法保证某些无关变量完全相同。

【高中数字化实验教学案例2】

重庆渝中区高中学生数字化实验展示活动
——对比两种传统胃药的药效快慢

学生1：各位老师好！欢迎观看我们小组的实验探究！

人们常说"十人九胃"，胃病是一种常见的病。而胃酸过多是胃病中常见的一种。你们知道哪些药物可以治疗胃酸过多吗？

学生2：胃酸的主要成分是盐酸，根据酸碱中和反应知识，我们可以服用氢氧化铝来治疗。

学生3：小苏打也能与胃酸反应，所以小苏打可以治疗胃酸过多。

学生1：没错。市场上治疗胃酸过多的药物很多，其中，复方氢氧化铝片（也叫胃舒平）和碳酸氢钠片是使用最普遍的两种传统药物。那么，这两种谁的疗效更快呢？今天我们通过实验来探究这个问题。首先，如何来评判哪一种药疗效更快呢？

学生2：我们可以看看说明书上吃一次药的口服量是多少，用一次口服量的药物投入到 $37℃$ 的 $100mL$ pH 值为 0.5 的盐酸溶液中。检测溶液pH 值的变化情况，画出 pH 值随时间的变化曲线，就可以对比疗效快慢。

学生3：我觉得这个方案可行。

学生1：人体的体温大约为 $37℃$，成年人的胃液大约有 $100mL$，正常人胃液的 pH 值范围是 0.9~1.8。我觉得你的实验方案是可行的！那现在我们一起来进行实验操作吧！首先要配制 37℃ 的 100mL pH 值为 0.5 的盐酸溶液。然后取复方氢氧化铝一次的用量 2 片，直接投入溶液中。同时插入 pH 传感器，绘制 pH 值的变化曲线。药效的发挥需要较长的时间，这是我们昨天在实验室拍下的 pH 值变化图。

学生 2：按照同样的方法，我们来检测碳酸氢钠片治疗胃酸过多的 pH 值变化图。首先是配制相同的盐酸溶液。然后取碳酸氢钠片一次的用量一片，直接投入到溶液中。同时插入 pH 传感器，绘制 pH 值的变化曲线。这个过程需要一定的时间，我们昨天在实验室拍下了最终的 pH 值变化图。

学生 3：通过实验数据可以看出，按照使用说明书上的服用量，碳酸氢钠片的疗效更快一些。

学生 1：没错，在遵照说明书上的用量服药的前提下，碳酸氢钠片的疗效更快。如果患者朋友想要疗效快，最好选择碳酸氢钠片。你们觉得本次实验可能还存在哪些误差或不足的地方呢？

学生 2：我觉得溶液的温度很难维持在 37℃ 不变。

学生 3：在实验过程中，盐酸难免会有少量挥发，这会影响实验的准确性。

学生 1：是的，还有药品的损失，数据的采集也存在误差，这些都对本实验有一定的影响。当然，对于药物的选择还有很多其他考虑。比如，胃穿孔患者不能选择碳酸氢钠片，因为反应生成的 CO_2 气体会使病情更严重。因此，我们要谨遵医嘱，合理选择药品，珍爱我们的健康！

（三）数字化实验教学的实施

数字化实验主要包括实验环境、传感器、数据采集器、计算机四部分。其中，传感器将视觉信号转换为电信号，数据采集器将电信号转换为数据信号存储在计算机中，最后利用计算机的软件进行数据处理，完成可视化实验过程。数字化实验具有量化、可视化、反复学习、适时保存和引导等特点，这些特点的存在使得数字化实验的应用具有传统实验所没有的优势，可以提高实验课堂效率，它主要包含以下三个方面。

1. 预习探索阶段：通过创设情境引导学生

预习探索阶段是学生初步认识新知识和理解新知识的阶段，在这个阶段，教师可以采用情境创设的方式吸引学生进行自主预习，情境的构建可以是教师以微课的形式录制新知识，通过展示具体的数字化实验内容，提高学生自主预习的效率。

以人教版《物理》必修1第四章第一节"牛顿第一定律"为例，在预习过程中，学生要完成三个具体的学习目标：理解伽利略理想斜面实验的推理过程；掌握牛顿第一定律的内容和意义；认识惯性及相关现象。基于此，教师将相关知识内容以数字化实验的形式录制在微课中，满足学生预习的需求。在设计录制形式时，可以采用"实验＋理论"的形式，这样学生在预习时可以先思考物理问题，再对知识进行消化理解。

教师可以先提问：在马拉车时车会前进，马停后车也会停下来，根据这个现象，能否说明只有力作用于物体时，物体才能移动呢？为什么马停车就会停下来呢？通过这个问题，教师可以引出"阻力的作用"，让学生预习伽利略理想斜面实验的内容，进一步激发他们的思考。另外，在乘坐汽车时，汽车突然启动或突然停止会造成人明显向前或向后倾斜，通过这些现象激发学生思考，引出惯性和质量的相关知识。

2. 理论探索阶段：引导学生进行实践探究

在上述微课情境下，教师通过"实验＋理论"的设计，为学生提供了良好的自主预习情境，学生按照"先观察现象，后理解知识"的认知顺序完成了预习，提高了学习效率，为后续的深入学习做好准备。这个阶段主要包含如下两个流程：

（1）结合具体现象提出问题。

结合具体现象提出问题是为了对学生的综合思维能力、问题发现能力、信息提取能力等多种能力进行锻炼，是学生有效学习的基础。在引导学生提问时，教师要在学生已经预习的基础上延伸内容，尝试进一步提出问题。教师不仅要鼓励学生提问，还要注意控制问题的有效性。例如，在人教版《物理》必修1第三章第一节"重力与弹力"中，学生对力的概念、作用效果、性质、力的三要素、重力的定义以及力的产生条件等知识进行学习时，教师要运用多媒体手段展现真实情境。在认识力的概念时，教师呈现运动员踢足球和守门员扑球的运动场景，向学生提出相关问题，引导其思考足球运动状态是如何变化的。接着教师继续呈现生活中的现象，提出如运动员在撑杆跳时撑杆为什么变弯、北方下大雪时树枝为什么被压弯等问题。引发学生思考：形状变化与什么因素有关？学生们可以根据现象，联系本课学习的相关内容，对问题形成初步认识。例如，杆弯曲是因为人对杆施加了力，树枝弯曲是因为厚厚的雪给树枝施加了力。由此，教师可以引出有关力的知识内容，使学生通过对力的学习，分析上述现象中的撑竿、树枝在弯曲过程中是什么力导致的，从而掌握力的知识。

（2）设计实验进行有效探究。

学生完成了对现象的初步认识后，教师可以带领学生进行下一阶段的学习。也就是说，根据对具体现象的分析，可以设计实验，对知识进行深入探究。在上述分析中，学生认识到物体间的相互作用可以使物体的运动状态或形状发生变化，教师可以引导学生通过物理实验完成探究。比如，在人教版《物理》必修 1 第三章第一节"重力与弹力"中，在进行有关重力的实验时，学生可以使用砝码、DIS 传感器进行实验操作，对调试器材进行组装，按照每增加 50g 砝码的顺序依次悬挂到传感器上，电脑将记录数值并反馈图像。在这个实验中，学生发现悬挂砝码重量越大，传感器承受的拉力越大，力的数值也越大。在上述教学过程中，教师还需要运用多种教学资源和教学仪器来辅助教学，从而达到更好的实验教学效果。

3. 拓展衔接环节：通过总结夯实基础

这是课程的最后阶段，在这一阶段的学习中，教师要引导学生对知识进行总结。引导学生整理本课中的重点知识，加强记忆，从而帮助学生巩固基础知识，形成结构性的认识[9]。

第三节　素养导向下高中实验教学中学生高阶思维培养的策略研究

一、构建实验教学多元评价体系

实验教学过程是由教师的教和学生的学共同组成的，教学评价应该由教师评价和学生评价共同实现。因此，教师可尝试学生自评、组内互评、组间互评等方式让学生成为评价主体。可以借助实验评价量表对每个学生或小组的实验任务完成的质量进行评分。如在高中生物实验"观察根尖分生区组织细胞的有丝分裂"中，通过建立评价量表，教师对"制作临时装片"进行考核和打分。又如在高中化学实验"配制一定物质的量浓度的溶液"中，将学生分成若干小组，采用组内互评和组间互评的方式对实验操作规范、实验效果进行综合评价打分。在制作实验评价量表时，教师要注意评分细则的科学性。再以物理实验评价为例，传统的教学评价模式已经不能满足新课改教育的需要，教师想要提高学生对物理实验的理解能力，就要从不同的角度出发，利用多元化的教学评价模式，提高学生对力学、热学、电流、电压、电阻等知识的理解，依托信息技术对物理实验的辅助，促进教学评价的统一。教师在评价过程中，要转变模式，以物理实验教学为基础，融合其他学科的评价模式，尝试以鼓励教学为主，对学生进行适当的表扬和肯定，增强学生的自信心，因材施教，使学生的物理综合思维循序渐进地提高，保证物理教学的高效率。

多元化评价方式，要重点突出新高考内涵，在实践过程中对学生提出更加严格的要求，同时对实验教学的全过程也要给予更多的关注。教师要想提升实验教学质量，就应该彻底改变传统的"√""×"形式，摒弃"教师独裁"的评价模式。应从课堂实验教学入手，在实验课堂上观察学生对物理知识的掌握情况，发现不足，提高学生的思维能力和解决问题的能力。根据评价反馈，提出有针对性的建议，进而提升实验教学的效果。

不同学生对知识的掌握程度存在差距。为了缩小差距，在新课改的教学理念下，教师要发挥实验教学的优势，积极构建多元化的考核体系，帮助学生提高对知识的掌握程度。教师开展实验多元化教学评价，要在学习和评价中解除固有理念的禁锢，挖掘学生的潜能，结合实验提出有针对性、差异性、层次性的建议。

总之，高中实验教学对学生的思维培养和解题能力的提升有积极作用。在传统的教学基础上，教师还要对实验教学的重要性进行深入分析。在课中、课后评价模块中，教师要从学生的角度出发，关注他们的本质需求，自主创新，线上和线下相互融合，从而为学生拓宽解题思路。因此，教学评价要求教师在考核学生的过程中，兼顾基本技能和理论知识的考查，使实验教学评价的科学性和多样性得到有效提升。教师要积极践行新课程理念，创新教学方法，增强学生的动手能力，帮助学生解决实际问题，从而更好地培养学生的核心素养，提升实验课堂的教学质量。此外，在新课改教学理念的推动下，教师在完成课堂教学后，还需坚持创新，应用教师评价、学生互评、自我反思等多种评价模式，对课堂进行综合评价[10]。

二、着重于培养学生高阶思维

（一）高阶思维的含义

对于高阶思维，不同学者有不同的阐述。美国教育家杜威认为，高阶思维具体指的是反省思维。根据他的观点，思维并非自然产生、潜移默化的，而是必须有相关的事件作为引发条件。也就是说学习者拥有的现有知识、相关数据实际上并不能自动地给出问题解决方案，学习者必然是首先对问题解决方案有着明确的需求，才能够有意识地利用反思性思维反省整个过程，因此思维过程是"反思—生成—研究—批判—问题解决"的过程。布鲁姆则是根据认知复杂的一般程度，对思维过程进行了细分，将思维分成六个不同的层级，分别是知识、理解、运用、分析、综合、评价。根据等级，前三个属于低阶思维，后三个属于高阶思维。之后许多学者在布鲁姆的基础上对高阶思维进行了细化修订，将其分为分析、评价、创造三个层次，每个层次又可以细分为具体的思维子类目。长期以来，高中实验教学中学生的潜能未能得到充分、全面发挥。传统模式下高中学生在实验课程中更多的是去记忆相关概念和知识，学生作为思维主体，并未深入分析知识的细节，也缺少探究的积极性。学生对事件的动机、过程、结果均未能深入思考，因此学生的高阶思维能力发展有限。信息时代对人才提出了更高的要求，学生除了要掌握信息获取能力，更要掌握管理信息、分析信息、评价信息、创造信息的能力。教师在日常的实验课堂教学中应当合理创设教学情境，采取多元化的教学手段，注重培养和锻炼学生的高阶思维。有意识地培养学生的高阶思维，才能够最大限度地发挥学生的自身潜能，才能够更好地把握信息时代对人才培养的新要求，落实现代教育事业改革的目标。

高阶思维是指学生分析、创造、评价、解决问题的能力。高中实验教学对学生的高阶思维要求主要有以下四个方面[11]。

1. 分析思维

学生学习知识必须具备分析思维，分析思维是学生从低阶思维向高阶思维转变的有效过渡。分析思维具体包括判断、分析、区别、对比、组织等内容，分为不同的层次。在基础层次，要求学生能够将一个复杂的化学任务进行有效分解，将一个任务内容分解成若干个子任务，从而降低学习任务的难度。在发展层次，要求学生能够明确梳理和总结分解成的各个任务部分之间的联系，能够顺利地运用分析工具。在提高层次，要求学生利用分析方法，顺利地总结现象及知识规律。

2. 整体思维

整体思维又叫综合思维，指的是从整体、宏观的角度出发去看待问题和解决问题的一种思维方式。各个知识内容之间存在各种各样的联系，学生只有利用好综合思维分析和学习化学知识，建立起完善、全面的知识网络体系，才能够更加准确地从整体上把握课程内容。综合思维的形成，能够让学生更高效、准确地解答问题，帮助学生拓展解题思路，提升学生的学习效果。

3. 批判性思维

批判性思维指的是学生能够形成一定的评价标准思维，逐步形成一定的思维技能和倾向。批判性思维绝对不是随意、没有原则的批判，而是必须遵循一定的流程，要建立在评价、估计的基础之上，要按照一定的标准原则进行价值判定，才能够更有依据地对有效内容加以辩护，对与事实不符的内容进行批判并进行纠正。它是一种不破不立的思维，是学生学习知识必须形成的一种思维。

4. 创造性思维

创造性思维与其他思维类型相比具有明显的高度机动性。具备创造性思维的个体往往不会满足于现有的结论和方案，能够从全新的角度思考问题，总结和提出更为有效的解决问题的办法。具备创造性思维的个体经常会提出各种构想，尽管这些构想并不一定都能够真正落实，但是经过反复的思考和探究，往往能够找到解决问题的有效办法，从而为化解问题提出更为丰富的参考方案。

(二) 培养高中学生实验的高阶思维的有效途径

1. 指向高阶思维，优化设计实验教学目标

教师在设计实验教学目标时，要紧紧围绕学生高阶思维能力发展的需要，立足于学生创新意识、批判性思维等方面发展的角度合理设计教学目标。面向高阶思维优化设计实验教学目标，要求教师关注学生的学习态度、学习能力和学科核心素养的发展，基于高阶思维为学生提供科学指导，注重发展学生的实验分析能力和实验结果评价能力[12]。

2. 注重高阶思维参与的全面性，巧妙设计实验问题

在实际操作中，教师应当首先设置清晰明确的实验教学目标，在此基础上

制定具有挑战性、趣味性的实验学习主题，同时为学生精心设计实验问题。在设置实验问题时，绝不能盲目追求问题的难度，要提升问题的针对性，紧紧围绕课程标准的要求和教材实验内容设计实验问题。教师还要关注学生现有能力、素质状况，了解学生当前的知识基础，考虑多方面影响因素优化设计实验内容并进行适当的强化拔高。

3. 关注知识迁移应用，创设完善科学的实验教学情境

教师应当考虑到学生迁移能力的发展要求，合理创设教学情境，确保教学情境真实、科学、完善且具有一定的复杂性，为学生提供更为丰富、直观的情境体验，让学生能够沉浸在教师创设的实验教学活动情境中，深层理解相关知识内容，发挥知识迁移应用的有效性。

4. 开展深度实验教学反思与评价

为达成培养学生高阶思维能力和实验能力的目标，教师要注重引导学生在实验中发现、分析各种异常的实验现象，引导学生总结实验结论和事物变化规律，并带领学生对实验结果、实验现象和总结的规律进行充分的反馈评价，反思整理实验活动中遇到的各种问题。

高阶思维能力的形成是学生高中阶段学科核心素养发展的重要组成部分，是教育教学的重要目的。

参考文献

[1] 张强. 高中物理实验教学的现状分析与组织方法［J］. 数理天地（高中版），2023：69－71.

[2] 王健，李秀菊. 5E 教学模式的内涵及其对我国理科教育的启示［J］. 生物学通报，2012，47（3）：39－42.

[3] 郭晓文. PBL 教学模式下高中生物学实验培养科学思维的研究［D］. 重庆：西南大学，2022.

[4] 俞秋霞. 中学化学实验微型化设计列举［J］. 实验教学与仪器，2023，40（9）：55－58.

[5] 朱梦晗. 高中化学实验微型化改进与教学应用研究［D］. 张家口：河北北方学院，2022.

[6] 王萱. 基于一体化设计思想的高中化学实验研究［D］. 烟台：鲁东大学，2022.

[7] 郭志东. 理实一体化理念下高中物理课堂教学实践探究［J］. 基础教育论

坛，2022（16）：63+65.

［8］邓文君. 数字化实验在高中生物教学中的应用初探［D］. 南京：南京师范大学，2020.

［9］张亨科. 数字化实验和智慧课堂的高中物理探究式教学模式研究［J］. 数理天地（高中版），2023（22）：96－98.

［10］张进全. 新课改下高中物理实验教学与评价模式探索［J］. 新课程研究，2021（14）：56－57.

［11］瞿洋. 指向高阶思维的学生化学实验能力培养策略［J］. 考试周刊，2023（38）：127－130.

［12］陆敏. 指向高阶思维培养的高中生物实验课堂策略探析［J］. 考试周刊，2023（45）：117－120.

第六章　素养导向下高中实验教学全面加强与改进路径研究

第一节　校本课程开发的理论基础

一、校本课程开发的教育学理论

校本课程的开发必须基于相关教育学理论，主要涉及教育学基础和教育心理学理论以及课程理论等。

（一）校本课程开发的教育学基础

《中国大百科全书·教育卷》对教育的解释为，"培养人的社会现象，传递产生经验和社会生活经验的必要手段"。西方关于教育代表性的柏拉图式的定义为，"为了未来的生活而进行训练，使人变善的行动"。

斯宾塞在《什么知识最有价值》一书中写道，为生活做完美的准备是教育的本质目的。对创造力乃至生命力的激发是《教育的目的》一书中怀特海所言教育的目的。笔者认为教育是一种文化形成的过程，教育活动需要在教育目的的指导下进行。教育目的需具备四大功能：规范功能、选择功能、激励功能和评价功能。只有基于明确的教育目的，才能保障教育的活动具有方向性和针对性[1]。

基础教育是把受教育者培养成为一定社会需要的人的总和。学校教育承担着教书育人的使命，教书与育人是相互关联相互渗透，是不能割裂的有机的整体。

我国基础教育体系实行三级课程管理，校本课程的开发是其中的重要一环。基于学生的个体差异，尊重区域教育特色文化，着力培养具有创造力的人，开发具有科学性、可操作性的校本课程是因材施教理论在新教材、新课标、新高考背景下提出的新的需求。教材应具备基本的传知育人功能，校本课程同样应以培养探究性、创造性人才为主要目的，切实提高校本教材的有用性与时效性。

（二）校本课程开发的心理学基础

校本课程开发的心理学基础主要涉及以下四个方面。

1. 学习者中心理论

该理论强调学生是学习的主体，应该根据学生的需求和兴趣来设计课程。这一理论认为，学生的学习动机和兴趣是影响学习效果的重要因素，因此，校本课程开发应以学生的需求为导向，激发学生的学习兴趣和积极性。

2. 认知心理学

认知心理学强调人的认知过程，包括注意、感知、记忆、思维等。在校本课程开发中，认知心理学可以提供一些理论依据，如学习者的认知负荷、记忆规律等，帮助教师更好地开发课程，提高学生的学习效率。

3. 情感心理学

情感心理学关注人的情感和动机，如学习动机、学习态度、学习焦虑等。在校本课程开发中，情感心理学可以提供一些理论依据，如积极心理学、情感教育等，帮助教师关注学生的学习情感体验，提高学生的学习积极性和自信心。

4. 人本主义学习理论

该理论强调人的自我实现和自我成长，认为教育应该关注人的内在需求和兴趣，促进人的全面发展。在校本课程开发中，人本主义学习理论可以提供一些理论依据，如自我决定论、有意义学习等，帮助教师关注学生的个体差异和需求，促进学生的自我发展和成长。

综上所述，校本课程开发的心理学基础主要包括学习者中心理论、认知心理学、情感心理学和人本主义学习理论等方面。这些理论为校本课程开发提供了重要的理论依据和实践指导。

（三）课程理论

校本课程开发的课程理论主要有以下四种。

1. 课程适应性理论

该理论认为课程应该适应学校和学生的实际情况，包括学校的教育理念、学生需求、教师能力等。校本课程开发正是基于这一理论，根据学校和学生的实际情况，自主设计、开发和实施课程。

2. 课程多样性理论

该理论认为课程应该是多样性的，能够满足不同学生的需求和兴趣。在校本课程开发中，应该注重课程的多样性和选择性，提供多种课程供学生选择，以满足不同学生的需求和兴趣。

3. 课程主体性理论

该理论强调学生是学习的主体，课程应该以学生为中心，根据学生的需求和兴趣来设计。在校本课程开发中，应该注重学生的主体地位，关注学生的学习动机、兴趣和经验，开发符合学生需求的课程。

4. 课程生态理论

该理论认为课程是一个生态系统，应该注重课程的整体性和系统性，包括课程目标、课程内容、课程实施、课程评价等各个环节。在校本课程开发中，应该注重课程的整体性和系统性，注重各个方面的协调和配合，以达到最佳的教学效果[3]。

综上所述，校本课程开发的课程理论主要包括课程适应性理论、课程多样性理论、课程主体性理论和课程生态理论等。这些理论为校本课程开发提供了重要的指导思想和实践框架。

二、校本课程开发的模式

课程开发的模式目前应用较广泛的是"目标模式"，兼具"过程模式""实践模式""情境模式"。在实际的校本开发的过程中，教师要深入研究课程开发模式，切实贯彻学校特点，做出合理调整，建构校本化的课程开发模式。

（一）课程开发模式分析

课程开发模式是在课程开发过程中，根据某种思想和理论，选择和组织课堂内容、教学方法、管理手段，制定课程评价原则而形成的一种形式系统[4]。基于教育学和心理学基础，形成不同的课程开发模式，呈现出不同的课程组织结构与教学过程。国际上广受认可的几种课程开发模式主要有泰勒的"目标模式"、斯滕豪格的"过程模式"、施瓦布的"实践模式"和斯基尔贝克的"情境模式"等。

泰勒的"目标模式"在课程开发理论中是最基础且最重要的理论,一切教育活动必须为教育目标服务。目标模式主要涉及四个重要环节,这四个环节相互影响,循环往复(图6-1-1)。

图6-1-1 泰勒目标模式程序图[5]

斯滕豪格的"过程模式"是基于对泰勒"目标模式"的评价和批判,认为教学过程才是课程开发的核心要素。课程设计者首先应该详细说明程序原则与过程,在后续具体教育活动中不断进行修正。其开发原则是:

(1)一般目标与程序原则;

(2)课程设计及课程内容选择依据;

(3)动态开放性的课程系统与评价系统。

课程体系不应该是固定的,而应该是灵活的,学生作为知识的学习者,不能被动地接受知识。很显然,过程模式虽然指出了目标模式的不足,论述了自身的基本原则与方法,但并没有提出合理且可操作的课程开发方案,无法按照具体的步骤开展课程开发实践。

施瓦布的"实践模式"有四个显著特点:

(1)强调课程的终极目的是"实践兴趣",只有基于学生和教师的实际兴趣开发的课程才具有生命活力。

(2)强调教师和学生的重要地位,他们都是课程的主体和创造者。

(3)强调开发过程中过程与结果、目标与手段的连续与统一。

(4)强调可以通过集体审议来解决课程中的问题。以学校为基础,以校长、教师、学生、课程专家、心理学家、社区代表为人员审议课程问题。

斯基尔贝克提出的课程"情境模式"偏重于"校本课程",因此对于校本课程的开发,"情境模式"有重要的参考意义。"情境模式"基于具体的学校情境,对学校情境进行微观层面分析,然后在此基础上构建校本课程。校本课程开发应着眼于具体的学校和学校的教师,并以学校本位进行课程研制,作为促进学校获得真正发展的有效方式。一般涉及五个具体阶段,分别是:分析情境,确定目标,设计方案,解释与实施,检查、评价、反馈与重建。

(二)校本课程开发常见模式

校本课程是21世纪以来我国课程改革的重要组成部分,伴随着党和国家对教育"立德树人"根本任务的部署,校本课程多元化、个性化开发的重要性日益凸显，基于校本课程开发侧重点不同，可以将校本课程开发分为三类：条件主导模式、需求主导模式以及目标主导模式。

1. 条件主导模式

学校根据自己的实际情况，结合学校的资源、师资、学生需求等因素，自主开发适合本校的课程。这一模式打破了以往由教育部门统一制定课程的模式，学校有了更大的自主权，可以根据自己的特色和需求来开发课程。

条件主导模式强调了教师在课程开发中的主导地位，教师不仅是课程的执行者，更是课程的开发者、设计者和创新者。通过条件主导模式，教师可以更好地了解学生的需求，更好地整合教学资源，更好地发挥学校的特色和优势。

条件主导模式不仅要求教师具备丰富的专业知识（教育理论、学科知识）和技能（教学技能），还要求教师具备创新意识和实践能力，能够根据实际情况灵活调整课程，不断探索新的教学方法和手段。

在校本课程开发中，教师还需要与学校领导、家长、学生等多方合作，共同参与课程的开发和实施。这种合作模式不仅可以增强教师和学生的参与感和归属感，还可以提高课程的针对性和实效性。

此外，校本课程开发还需要一定的条件支持，包括学校的硬件设施、师资力量、教学资源等。这些条件是实现校本课程开发的基础，也是保障课程质量和效果的关键。

校本课程开发的条件主导模式贯彻"以校为本"的校本课程开发理念，考虑到不同学校的不同特点，条件主导模式能够更好地适应学校的基础，促进学校的长足发展，在教学实践中有更强的可操作性，能够使课程目标落地。在校本课程开发中可以由学校原有的活动课以及选修课灵活转化，课程开发的成本得到极大的降低。虽然条件主导模式下的校本课程开发具有较强的可操作性和普适性，但也有较强的弊端，例如，难以满足学生的实际需求，不利于学生个性的充分发展，课程内容的选择带有过多的课程开发教师的个人色彩。

2. 需求主导模式

需求主导模式可以认为是最符合校本课程开发初心的一种模式，这一模式将学生的实际需求置于中心地位，围绕学生需求这一前提开发课程。学生的个性发展和需求满足是需求主导模式的主要目的。

需求主导模式强调课程开发的主体——学校。学校作为课程开发的主体，应该发挥主导作用，从学校的实际情况、学生的需求出发，开发出符合学校特色、满足学生需求的校本课程。这意味着，课程开发的每一个环节，都需要学校、教师、学生、家长等多方参与，共同打造符合学校特点的课程体系。

需求主导模式强调课程的内容要求。课程内容不仅要注重知识的传授，更要注重能力的培养和素养的提升。这意味着，课程的内容要贴近生活、贴近社会，要能够激发学生的学习兴趣，培养他们的创新精神和实践能力。同时，课程内容还要注重培养学生的批判性思维、团队协作能力、沟通表达能力等关键能力，为他们的未来发展打下坚实基础。

需求主导模式强调课程实施的要求。课程实施不仅仅是知识的传授，更是对学生学习过程的关注和引导。教师要转变角色，成为学生学习的引导者、促进者，帮助学生实现自主学习、合作学习、探究学习。同时，学校也要为课程的实施提供必要的支持和保障，包括教学资源的提供、教学环境的改善、教学评价的完善等[6]。

主导模式强调课程评价的重要性。课程评价不仅是对课程质量的评估，更是对课程改革成果的检验。评价应关注学生的学习效果、教师的授课效果、课程对学校特色发展的贡献等。同时，评价也要注重多元主体的参与，包括学生、家长、教师、社区等。

总结起来，校本课程开发的需求主导模式强调学校的主导作用，注重课程内容的设计和实施，关注学生的学习过程和评价方式。这一模式不仅为教育体系注入了新的活力，也为教育工作者提供了新的思路和方法。

3. 目标主导模式

目标主导模式指的是校本课程开发的中心是学校发展目标与办学特色，通过形成办学特色来促进学生个性发展。这一操作模式以确定学校办学目标和发展战略作为起始环节，然后整合本校课程资源，编制校本课程来实现学校的发展目标，也就是将校本课程开发作为形成办学特色的一种途径。

校本课程开发的目标主导模式，旨在根据学校实际情况、学生的需求和发展方向，制订相应的课程目标和计划，通过课程实施、评价和反馈等环节，不断调整和优化课程，以实现提高学生综合素质、促进教师专业发展、改善学校教育环境等目标。

具体来说，校本课程开发的目标模式可以分为以下五个层次：

（1）满足学生个性化发展。

通过设置多样化的校本课程，满足不同学生的兴趣、特长和需求，促进学生的个性化发展。

（2）提高学生学习能力。

校本课程应注重培养学生的自主学习、合作学习和问题解决能力，提高学生的综合素质。

（3）改善学校教育环境。

校本课程开发应关注学校的教育环境，通过优化课程设置、调整教学方法和手段，改善学校的教育环境，提高教育质量。

（4）促进教师专业发展。

校本课程开发过程中，教师应该不断学习和提高自己的专业素养，积极参与课程设计和实施，从而促进自身的专业发展。

（5）实现教育改革目标。

校本课程开发是教育改革的重要组成部分，应该与国家教育改革目标一致，推动教育改革的深入发展。

在实施过程中，应该注重目标的明确性和可操作性，确保课程目标的合理性和可行性，同时要注重评价和反馈，不断调整和优化课程，以达到更好的教育效果。

基于核心素养的课程转化，由理念到实际，需要环环相扣，层层转化。因此，基于核心素养的校本课程开发，首先需要确定核心素养引领下校本课程开发的分析框架（图6-1-2）。

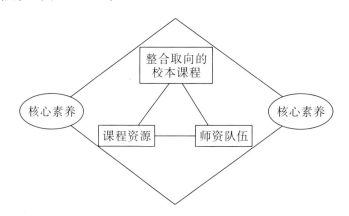

图6-1-2 核心素养引领下校本课程开发"三位一体"的分析框架

校本课程开发还需要关注学生的个体差异和不同需求。每个学生都有自己的兴趣爱好和特长，学校应该为他们提供多样化的教育资源，以满足他们的不同需求。在课程中，学校需要注重学生的参与和互动，激发他们的学习兴趣和积极性。同时，学校还需要关注学生的情感和心理健康，为他们提供必要的支持和帮助。

校本课程开发还需要不断反思和改进。在课程实施过程中，学校需要不断收集反馈意见和建议，以便了解学生的学习情况和需求变化。同时，学校还需要根据实际情况进行调整和改进，以确保课程质量和效果不断提高。

总之，校本课程开发是一项充满挑战和机遇的工作。学校需要关注学生的需求和兴趣，为他们提供有针对性的教育资源。同时，学校需要注重学生的个体差异和不同需求，为他们提供多样化的教育资源。最后，学校需要不断反思和改进，以确保课程质量和效果不断提高。

三、校本课程开发的分类

校本课程开发可能涉及个别教师、部分教师甚至全部教师，校本课程的开发形式包括筛选已有课程、改编已有课程和开发全新的课程，按不同的分类标准，校本课程有不同的分类。

按课程开发的基点，校本课程可以分为以下三类。

（一）学科类校本课程

学科中心论又称知识中心论，主张以有组织的学科知识作为课程开发的基点，以此开发的校本课程称为学科类校本课程。学科类校本课程包含独立学科校本课程、多学科校本课程、跨学科校本课程和综合学科校本课程。它由学科知识课程和学科学习策略课程构成，强调学科知识的逻辑性和连贯性，强调学生的智力发展，具有教学容易和教学管理容易的优点，但它忽视学生的学习兴趣，降低了学生的学习动机，易与学生生活脱节，忽略了学生高级认知技能的发展。

（二）活动类校本课程

学生中心论将学生的需要、兴趣、能力和已有经验作为课程开发的基点，以此开发的校本课程称为活动类校本课程。活动类校本课程中，教师以学生的需要、兴趣、能力和已有经验为基础，通过引导学生自己组织有目的的活动来实现课程目标。活动类校本课程充分考虑学生之间的个体差异，能激发学生的内在学习动机。它将课程资源作为解决问题的工具，反对预先确定目标，更强调课堂的生成性，但它与学生所学的学科课程缺乏统一性，不重视系统的科学文化知识的教学，学习内容缺乏明确的顺序和范围，不利于学生掌握知识体系，教学活动难以组织，加重了教师的负担。

（三）探究类校本课程

社会中心论校本课程主张以社会作为课程开发的基点，认为课程是帮助学生了解社会、参与社会和改造社会的重要途径，以此开发的校本课程称为探究类校本课程。探究类校本课程以培养探究性、创造性人才为主要目的，提高了课程的实用性和适用性，将学科知识从属于所要研究的问题，在学科类校本课程的基础上增加了难度，提高了要求，更加注重前沿科学的探究，注重培养学生解决问题的能力，增强了学生的社会责任感，但它让知识的统一性受到影响，可能会导致课程内容不稳定。

校本课程是根据各个学校的具体情况，针对部分或全部学生，部分或全部教师参与开发的有利于学生成长和能力提升的课程。针对全校大部分学生的校本课程，学校可以考虑筛选或改编现有课程，以学科中心论为基点，开发更具有普适性的学科类校本课程。针对全校个别学生的校本课程，学校可以考虑开发新课程，以学生中心论或社会中心论为基点，开发针对性更强的活动类校本课程或探究类校本课程。

四、校本课程开发的流程

由于学校、教师、学生的不同，校本课程具有明显的校际差异，不同学校的校本课程彰显出其独特性。校本课程开发需结合校情，以教师为主体，以学生需求为主要内容。校本课程开发是一个持续的动态过程，应循序渐进。本书以英国课程专家斯基尔贝克的校本课程开发流程作为参考，制定出如图 6-1-3 所示的校本课程开发流程。

组织建立 ⇒ 现状分析 ⇒ 目标拟定 ⇒ 方案编制 ⇒ 解释与实施 ⇒ 评价与修订

图 6-1-3 校本课程开发流程示意图

组织建立阶段，学校组织专人成立课程开发专项工作组，阐明校本课程开发的工作程序，进行校本课程开发的前期准备工作。

现状分析阶段，工作组成员与学生及学生家长进行访谈，进行需求评估，确定校本课程开发的主要内容。

目标拟定阶段，工作组成员在专家的带领下，厘清办学思路，制定校本课程的课程总目标及各个章节的具体目标。

方案编制阶段，工作组成员广泛查阅校本课程开发可能涉及的理论及方法，并在其中筛选出适合校本课程开发的具体方法，在此基础上确定课程材料与组织形式。

解释与实施阶段，由一线教学经验丰富的骨干教师实施校本课程，强化新的课程理念，针对学生需求进行校本化、特色化教学，发展学生的核心素养。

评价与修订阶段，在校本课程具体实施后，工作组成员根据家校反馈、课堂监控等，追踪实施效果，制定评价程序，并根据反馈意见，工作组成员商讨后，确定校本课程修订方案[7]。

五、校本课程开发的目标确定原则

（一）校本课程目标确定的理论基础

1. 普遍性目标

"普遍性目标"是指将一般的教育宗旨或原则直接运用于课程与教学领域。《大学》有言："大学之道，在明明德，在亲民，在止于至善。"这其实就阐述了一种普遍性目标。普遍性目标的优点在于不同的教育工作者可以对目标创造性地做出解释，以适应具体教学情境的需要。但普遍性目标的不足也很明显，这类目标的制定往往缺乏充分的科学依据，受日常经验所限；这类目标在逻辑上往往不够彻底，不够完整；这类目标在含义上往往不够清晰，不够确定，是一种经验性的目标。

2. 行为目标

"行为目标"是以具体的、可操作的行为形式陈述的课程目标。它指明课程结束后学生身上所发生的行为变化。行为目标具有准确性、具体性、可操作性强的特点。行为目标最典型的代表就是布卢姆等人编写的《教育目标分类学》。1956年，《教育目标分类学（第一分册：认知领域）》面世，在这本著作中，布卢姆等人将认知领域教育目标划分为知识、理解、应用、分析、综合、评价六个层次。1964年，《教育目标分类学（第二分册：情感领域）》出版，将情感领域教学目标划分为接受（注意）、反应、价值判断、组织、价值观念个性化五个层次。1972年，《教学目标分类学（第三分册：动作技能领域）》出版。该书将基本动作分为外力动作、操作动作和肢体动作，将该领域目标划分为准备、动作技能发展、动作模式发展、修改和创造动作模式四个层次。2001年，梅耶、安德森以及克拉斯沃尔等著名教育学家对布卢姆教育目标分类理论修订完善，出版《学习、教学和评估的分类学：布卢姆教育目标分类修订版》（以下简称"修订版"），"修订版"将认知领域由一个维度发展为两个维度，即知识维度和认知过程维度。知识维度中，知识被分为四种类型，认知过程维度中，认知过程由低级到高级被分为六种水平（表6-1-1）。

表6-1-1　知识维度与认知过程维度二维分类表

知识认知过程	事实性知识	概念性知识	程序性知识	元认知知识
1. 记忆				
2. 理解				
3. 应用				
4. 分析				
5. 评价				
6. 创造				

记忆、理解、应用属于低阶思维，分析、评价、创造属于高阶思维。

这两个维度构成了一个二维分类表，该表在确立教学目标、优化教学设计、完善教学评价等方面有着重要作用[8]。

行为目标的优点在于具体，有助于教师选择恰当的教学内容和方法，有助于精确地评价学生的学业，有助于教师准确地判断自己的教学质量，有助于家长和学生准确地了解学校的教学效果，有助于学校制定各种决策。但行为目标受限于学科性质，无法考虑复杂的高层次行为，缺乏灵活性，忽视除知识以外其他难以测量的重要目标，忽视行为目标、情感目标和心理运动目标之间的相互影响，确定的行为目标越是精确，选择的范围越是狭窄。

3. 生成性目标

"生成性目标"是在教育情境中随着教育过程的展开而自然生成的课程目标。它的最大特点在于过程性。斯滕豪斯认为，学校教育主要包括三个过程，即训练、教学、引导。训练是指学生获得动作技能的过程，教学是指学生获得知识信息的过程，引导是指学生获得以知识体系为支持的批判性、创造性思维能力的过程。"引导"的本质在于其不可预测性，不能用"行为目标"表述。"生成性目标"的优点在于它强调学生、教师与教育情境的交互作用，使教师成为教学活动的主体，消解了"行为目标"取向所存在的过程与结果、手段与目的之间的二元对立。"生成性目标"表现得过于理想化，往往难以实现。

4. 表现性目标

"表现性目标"是指每一个学生在与具体教育情境的种种"际遇"中所产生的个性化表现。它的特点主要体现为追求学生反应的多元化。艾斯纳在《教育想象》一书中指出，"表现性目标"与"教学性目标"的殊异在于，"表现性目标"旨在培养学生的创造性，强调学生的个性化发展。"表现性目标"是唤起性的，而非规定性的，是一种美学评论式的评价模式。它的优点在于适合用来表述复杂的智力性活动，强调学生的个性发展和创造性表现，但不是所有的目标都可以转化为表现性目标。

（二）校本课程目标确定的原则

校本课程立足于学校的课程，以学生发展为中心，以学生兴趣为导向，在目标确定过程中，更应注重学生的过程性、个性化发展，而非局限于知识的获取。校本课程目标确定应注意以下三个原则：

现实性原则，根据学校基本硬件条件、学生发展特点、教师课程开发水平来制定相应的校本课程目标。

主体性原则，以学生个性化发展、多元化发展为目标，注意学生的参与感与反馈。

发展性原则，弱化知识获取的目标，着眼于学生的终身发展。

六、校本课程的评价原则

校本课程作为学校个性化课程，应有其特有的评价体系和评价原则，这是校本课程开发与实施的重要环节。在进行评价时，要做到信息收集的系统性和完整性，需要科学的评价方法，如采取各种定性、定量的方法，多层次、多维度地对校本课程的各个环节做出价值判断，真正做到根据学生具体情况进行个性化定制评价。校本课程评价既是课程价值导向评价，也是对校本课程的量化评价，不是一成不变的，是一个动态过程，在实施过程中应根据具体情况不断修正，制定出最符合当下实际情况的校本课程评价体系。

（一）课程内容的科学性与整体性原则

实验的特殊性质决定了其要有充分的科学依据，在设计实验类的校本课程时更需讲究科学性。从单个实验来看，实验案例一定是查阅大量科学资料且在实验室实际操作中整理出来的，而不是在纸上夸夸其谈得到的。从实验安排上看，同一单元的实验既要相对独立，又要有一定的内在联系，蕴含一定的内在逻辑关系。各模块实验在逻辑上要么层层递进，要么围绕一个主题开展。通过各模块的一系列实验，要能够逐步地、多角度地提高学生的核心素养。在评价过程中要采取科学的、有效的统计分析方法，充分发挥学生的主观能动性，系统地对实验结果进行分析；对学生实验中出现的问题经过小组讨论后，不断完善实验步骤、实验方法，使其更加具有科学性。

在进行校本课程的评价时往往需要一套完整的评价指标，在设计评价指标时应注意整体性原则。校本课程应当承担怎样的教学价值？在各学段、同学段不同层次学生中如何体现？这都是构建评价体系时应充分考虑的问题。校本课程开发的初衷是通过个性化的课程设置，让学生更容易掌握课本知识。校本课程的内容要有教学价值、育人价值，要能切实提高核心素养，不能流于形式，加重学生课业的负担。所以，构建完整的课程评价指标体系尤为重要，针对不同年级的学生、同一年级不同层次的学生都应有不同的评价体系和不同的评价量表。

（二）评价实施的多主体原则

通常情况下，课程评价活动，由少数人尤其是一些权威人士进行。然而，校本课程作为学生开拓视野、培养学科兴趣的有效形式，评价实施的对象不应只是少数人群，应该是多主体的。进行校本课程评价的成员不仅应有校本课程开发的人员、授课教师、同伴教师等专业人员，还应有学生和家长。校本课程不应像国家课程那样过多地注重学生知识的掌握，而应强调学生在课程活动过程中的体验感。校本课程是授课教师与学生在实施过程中共同创造的、动态性的一门课程，所以在实施评价时学生的感受应该是放在首位的。作为课程评价的实施者，学生最有发言权，其后才是授课教师、课程开发人员等。

不同维度校本课程评价差异表见表 6-1-2。

表 6-1-2　不同维度校本课程评价差异表

项目	学校内部专业评价	学生、家长评价	社会评价
评价的主体	课程开发人员、授课教师、同伴教师等	上课的学生及学生家长	社会人员
评价的目的	对教学工作不断地改进	学生的发展	证明学校的绩效
评价的属性	诊断性评价、形成性评价、总结性评价、过程性评价	诊断性评价、总结性评价、过程性评价	诊断性评价、总结性评价

项目	学校内部专业评价	学生、家长评价	社会评价
评价持续的时间	长（通常持续两到三年）	长（通常持续两到三年）	短（通常几天）
评价报告的应用	作为工作改进的参考	作为改进教学的参考	作为学生、家长的择校依据，体现该校的社会认同度

（三）校本课程开发的角度评价

校本课程要做到主题多元化。高中实验涉及的领域很多，在选择主题时一定要注意主题的多元化，可以把视角深入生活的方方面面。物理实验可以与航天场景联系，带领学生学习其中的物理知识；也可以用"桥都重庆"作为切入点，引导学生对其中蕴含的力学知识进行学习；或者以生活场景为线索，如厨房中的物理智慧——筷子、菜夹、刀柄上的花纹，厨房顶上的灯等，引导学生感受物理知识在生活中的应用。化学实验，可以自制小烟花，模拟几种胃药的疗效或探究茶水与亚铁盐的作用。生物实验可以提取植物精油，也可以制作香皂、桂花糕和月饼，还可以解剖自然界中的植物、动物，为学生打开微观世界的大门。

评价校本课程时要看是否做到了实施方法的多元化以及趣味化。校本课程应该适量淡化知识性内容，教师通过多种多样的形式，如实验室动手实验，野外勘察等，让学生体会实验的快乐，并通过校本课程在潜移默化中加深对高中必备知识的理解。如在生物教学中发现学生常识性知识的欠缺，不知道玉米植株如何开花，如何结实，可以设计相应的校本课程，带学生去种玉米，亲手操作玉米的杂交实验，以加深其对课本知识的理解。校本课程实施的多元化、趣味化，让学生爱上实验并在实践过程中掌握实验的核心要素，提高其学科核心素养。

第二节　高中实验校本课程开发的实践应用

一、高中实验校本课程开发的必要性与可行性

（一）高中实验校本课程开发的必要性

高中校本课程是对国家课程的补充与延伸，各校高中校本课程开发的种类与数量众多，但高中实验校本课程开发数量却较为欠缺。首先，由于基础设施不到位或教师的思想重视程度不到位，大部分教师都采取视频实验的方式处理实验课程，以图省时省力；其次，学生自己做实验容易面临现象不明显，操作不规范的问题；最后，高中课时紧，教师们更愿意把时间花在理论知识的讲解上。在"双新"背景下，要想提高学生的核心素养，"纸上谈实验"是不可行的。学生没有亲自动手，没有切身体验，对实验的理解只是空洞的记忆，无法提升自身的核心素养。"双新"背景下，必备知识与核心素养需要齐头并进，所以，实验的开展很有必要，高中校本实验课程的开发也很必要。从高中物理、化学、生物学科教学角度分析，校本课程的开发与利用，在对各学科包含的实验课程、理论课程以及互动教学等其他教学活动进行合理的补充与延伸的同时，在一定程度上也能体现高中各学科教学活动的创新性，为学生提供一个良好的教学环境。具体而言，校本课程开发的必要性体现在以下三个方面。

1. 有利于积极推动高中物理、化学、生物课程横向拓展与纵向延伸

以学生核心素养发展为目标，促进核心素养与高中校本课程开发有机结合，有利于积极推动高中实验课程横向拓展与纵向延伸，并对现有教学资源进行补充，起到丰富实验课堂教学内容的作用。增强课本中物理、化学、生物知识学习实用性。聚焦核心素养，构建高中实验校本课程开发的框架，立足学生全面发展需求。通过高中实验校本课程充分挖掘学生的潜能，学生在新型课堂中不断提升个人自主学习、自主探究以及自主归纳的意识，既能增强其核心素养，又能有效拓宽其知识视野，使其整体学习能力得到强化。

2. 有利于促进教师专业能力水平提高

从教师角度分析，"双新"背景下教师也需要不断提升自己的综合能力。

"双新"背景下，教师的角色正在发生改变。在我国传统的课堂教学中，绝大多数时间里课堂的主体是教师，教师进行知识的传授，而学生学习知识的过程大多是被动的，各个学科的教学内容也是固定不变的，即使教材有更新，教师教授的内容仍然是"换汤不换药"。同时，教师的教学方式单一，教师讲授，学生接受，缺乏学生主动思考。教学评价时多以分数作为学生学习的评价指标，更加注重教学结果而缺少对教学与学习过程的关注。各个学科教学内容多，为完成教学任务，课堂教学多采用"满堂灌"的形式，学生在课堂中不能充分体现自身的主观能动性，无法完成知识的主动建构，无法真正理解与掌握知识，没有比较好的解决问题、应用知识的能力。而在"双新"背景下，课堂教学提倡让学生自主探究，在探究中发现问题、提出问题、解决问题，完成知识的主动建构。同时鼓励教师探索新的教学方式以期提高学生的学习兴趣，改变学生学习状态，把课堂真正归还给学生。故在"双新"背景下传统的教学方式已不能顺应时代的潮流，教师应尝试改变教学现状，将新教育理念融合到课堂教学中。"双新"背景下，教师专业能力水平的提高，可以通过高中实验校本课程的开发与实施来促进。

基于核心素养开发高中物理、化学、生物校本实验课程，除了有利于提高教师专业能力水平外，在校本课程开发过程中还可以锻炼教师整合各学科资源的能力。新课程中已经存在很多跨学科知识点，比如，人教版生物学必修1第二章第2节"细胞中的无机物"新增了知识点：水为什么能成为细胞内良好的溶剂。这里既涉及物理中关于比热容的知识点，也涉及化学中氢键的知识。人教版教材《生物学》必修1小字部分写道："水分子由2个氢原子和1个氧原子构成，氢原子以共用电子对与氧原子结合。由于氧具有比氢更强的吸引共用电子对的能力，使氧的一端稍带负电荷，氢的一端稍带正电荷。水分子的空间结构及电子的不对称分布，使得水分子成为一个极性分子。带有正电荷或负电荷的分子（或离子）都容易与水结合，因此，水是良好的溶剂。由于水分子的极性，当一个水分子的氧端（负电性区）靠近另一个水分子的氢端（正电性区）时，它们之间的静电吸引作用就形成一种弱的引力，这种弱的引力称为氢键。每个水分子都可以与周围水分子靠氢键相互作用在一起。氢键比较弱，易被破坏，只能维持极短时间，这样氢键不断地断裂，又不断地形成，使水在常温下能够维持液体状态，具有流动性。同时，由于氢键的存在，水具有较高的比热容，这就意味着水的温度相对不容易发生改变，水的这种特性，对于维持生命系统的稳定性十分重要。"对于生物老师来说，这段话蕴含了化学知识、物理知识，需要跨学科的教研。对于学生来说，也需要化学知识、物理知识作为背景知识才能理解这段话的内容。结合物理、化学知识可以给学生拓展为：水分子是一种极性分子，且分子间具有氢键等作用力，因此水具有较高的沸点、熔点（和其他溶剂比）、比热容等性质，成为生命出现的环境条件之一，也成为生物得以稳定存在的基础。生物体内的水吸收或者释放大量的热量，生物体的温度变化都不大，而离开生物体的水分（汗液、蒸腾水分），又可以带走大量的热量，这样可以避免高温对生物体的伤害。所以，水的高比热容可以缓解温度的变化，使生物体温度维持在相对稳定的状态。水分子具有极性，使得带电的分子或离子都容易与水结合；单位容积的水比任何其他溶剂溶解的溶质种类和数量都多，所以水是最理想的生物溶剂。氢键维持时间短，不断被破坏和形成，使水在常温环境下维持液体状态。氢键使水的沸点高，常规状态下不易达到；水的熔解热（在一定的压强下，单位质量物质从固相转变为同温度的液相的过程中所吸收的热量）也高，在临近冰点时，温度变化趋势降低，这有利于地球气温的调节，拓宽了生物的生存范围。对于水体生态系统而言，温度下降时，水体从上部开始冻结，在表面形成绝缘层，保护水生生物在冰冻季节得以生存。冰的漂浮也是氢键的功劳。水分子间的氢键使得水具有很强的抗张强度（不易切断）和较低的黏性（容易变形），这有利于水分子发挥运输功能。

集中物理、化学、生物教师跨学科教研，除了开展各自学科的实验拓展课程，还可以跨学科开展高中实验校本课程，有机地融合各学科知识，提高教师的专业能力水平。在此过程中，将教师的引导作用在课堂教学中充分体现出来，鼓励学生亲近自然、走进社会，帮助学生树立正确的价值观以及良好的理性思维。基于核心素养的高中实验校本课程开发背景下，学科教学任务与教学目标也能高质量完成，能助推高中物理、化学、生物高效课堂构建，促进学生自主学习、释放潜能和全面发展。

3. 开发校本课程有利于完善特色学校课程体系

每个学校都有不同的办学理念，校本课程作为学校特色化发展的重要组成部分，通过不断开发符合自己学生的校本课程，凸显学校特色，发扬办学理念。

（二）高中实验校本课程开发的可行性

要想开展好高中实验校本课程，除了认识到高中实验校本课程开发的必要性外，还要有开发高中实验校本课程的可行性。高中实验校本课程开发必须以学生的兴趣和需求为基点，兼顾社会发展对学生科学素养的要求及学科知识体系本身的发展，根据学校的实际情况如硬件设施、师资力量等，设置好相应课程内容，改进教学方式，进行校本课程的合理有效开发。

1. 理论可行性

新课改为高中实验校本课程开发提供了有效的制度保障。2001年，教育部发布了《基础教育课程改革纲要（试行）》，明确提出国家、地方、学校三级课程管理体系，学校可以在结合自身发展需求的基础上开发校本课程[9]。2014年，教育部发布的《关于全面深化课程改革落实立德树人根本任务的意见》鼓励学校根据地域资源优势，结合学生身心发展需要和优秀校园文化设计校本课程，在具体实施课程改革中遵循"以校为本""以生为本"的原则[10]。学校在中国三级课程管理体系的背景下，根据学校实际情况，考虑学生的个性化发展，合理利用地方资源，开发符合学校的校本课程是顺应时代变化的有力举措。在"双新"背景下，高中实验校本课程开发将结合学科特点和学生发展需要，力求突破传统课程结构，加大课程的选择性与创新性，探索更有利于创新人才培养的校本课程体系。

2. 现实可行性

重庆市渝中区是全国首批普通高中新课程新教材实施国家级示范区，在"双新"背景下，如何推进"五育"共融，发挥课程的育人功能，培养"全面而有个性的学生"，是渝中教育的价值追求。作为"双新"实施国家级示范区，渝中区勇当探路者，通过紧扣目标任务，全域协同推进，稳步攻坚克难，在学校课程建设、课堂教学变革、考试评价改革、教研机制创新和示范辐射帮扶等方面开展了卓有成效的探索，在探索中积累了经验和智慧，推进了普通高中育人方式改革，为高中校本课程的开发提供了很好的助力。

创办于1891年的重庆市求精中学校作为新课程新教材实施国家级示范区学校，是重庆市首批示范性高中、百年历史名校、重庆市首批重点中学，清华大学多次授牌该校为"生源中学"。该校注重加大探究式、体验式教学比重，不断推进"双新"建设落地见效。重庆市求精中学校在高中实验教学中一直都是业内的佼佼者，不管是物理、化学还是生物学科，一直扎扎实实开展实验教学。以物理学科为例，重庆市求精中学校是重庆市渝中区普通高中新课程创新基地（重庆市求精中学基地）。物理基地拥有物理吊装实验室，确保基地硬件设施的配备。物理基地建设与课题研究相互结合，边建设边总结，注重过程资料积累，物化成果，将现代技术与物理教学进行了深度融合，充分发挥了物理实验的传承与创新。在"双新"背景下，认真做好新课程标准学习，在区域内外发挥基地校的龙头作用。物理基地还与区域内教研机构紧密协作，承担了重庆市普通高中教育教学改革课题"高中物理基于 DIS 的实验微课的开发与实践"和渝中区教育科学规划办重点课题"基于 DIS Lab 的中学物理校本课程资源开发的研究与实践"，在实验教学中有丰富的经验，在高中实验校本课程的开发中研究较深入且取得了优异成绩。在课题研究过程中，学校首创"135"校本课程资源开发模式并用于实践，在实践过程中不断完善课程内容，研究过程中发表论文近 30 篇，其中 6 篇获得全国物理论文一等奖。重庆市求精中学校的物理、化学、生物学科在重庆市的高中创新实验比赛中多人次获得一等奖。在"Chem is try"课堂教学中，教师通过在视觉、听觉上极富震撼力的实验探究，让化学学科的趣味性得以体现。教师在"焰色试验"实验中自制小烟花，让学生们在震撼的同时也不断感叹化学带来的美。生物教研组以社团为载体，依据二十四节气开发的"美食趣'胃'计划"课程也受到了业界的一致好评，生物社团也被评为了重庆市普通高中优秀社团。教师们在实验教学中创新能力强，业务水平高，为高中实验校本课程的开发提供了师资保障。

重庆市求精中学校不仅拥有优秀的师资队伍，还拥有高素质的学生队伍，高考成绩在区内各项指标中都脱颖而出。正因如此，重庆市求精中学校才能根据学生资源特色，分层次、分学段开展不同的校本实验课程，满足学生的个性化发展的需求。学生根据自己的兴趣，结合自身的职业规划去选择不同的校本课程，提升自己的探究能力和创新能力。

二、《高中物理创新实验》校本课程的开发与实施

重庆市新高考方案从 2018 年秋季入学的高一新生开始实施，根据新方案，物理学科成为"二选一"中的首选科目之一。《普通高中物理课程标准（2017版）》提出，在课程的实施过程中，学校要"加强实验室建设，促进学生实验能力发展"[11]。物理学科在开展基于核心素养实验校本课程建设中，为了提高学生动手能力和实验操作以及创新能力，结合学校实际，深入探索和实践，以重庆市高中物理基地为依托，基于 DIS Lab 以数字化吊装实验室为基础开发了校本课程——"高中物理创新实验"。

（一）以物理基地为依托进行校本课程开发的优势

物理是一门以实验为基础的自然学科，实验在物理学科教学中起着非常重要的作用，物理学中的概念、规律、公式等都是以客观实验为基础的，即物理

理论不能脱离物理实验结果的验证。重庆市求精中学校是重庆市物理基地校，物理基地的成功建设，不仅在硬件功能上得到了充分的保障和完善，更是创造了浓厚的物理学术研究氛围。学校在物理学科的师资建设，团队建设，教研建设中受益匪浅，在开发校本课程的过程中更是收获了许多宝贵的经验。学校以基地负责人为牵头，以整个高中物理教研组为核心，团队成员积极参与校本课程的开发与学习。邀请重庆市内外专家与西南大学等高校专家做物理创新实验与校本课程开发的专题讲座培训。学校重新建设了吊装实验室，增购了数字化传感器等众多实验仪器，为整个校本课程的开发奠定了坚定的基础。

（二）"高中物理创新实验"校本课程开发的流程

开发流程如图 6－2－1 所示。

组织建立 ⇨ 现状分析 ⇨ 目标拟定 ⇨ 方案编制 ⇨ 解释与实施 ⇨ 评价与修订

图 6－2－1 "高中物理创新实验"校本课程开发流程图

（三）组织建立

组织建立是指学校要有校本课程开发领导小组协调开发过程，及时与学生及同行交流，及时发现教师和学生的需求，为顺利实施这门课提供必要保证。课程实施的保证机制，一是学校整体调控，教师中心、课程中心为权责主体的扁平化机制；二是以学术专业委员会为决策主体的专家与教研组教师共同管理实施机制；三是研训结合的教师专业发展机制。三方面相互协调，形成统一的管理机制，有效地保证课程实施。

（四）需求分析

物理是一门以实验为基础的自然学科，实验在物理学科教学中起着重要作用，物理学中的概念、规律、公式等都是以客观实验为基础的，即物理理论不能脱离物理实验结果的验证。物理创新校本课程的开发是基于核心素养和实践教学需求而进行，随着科学技术不断进步与普及，物理实验课程教学内容逐渐呈现出多元化特征[12]。

物理创新实验校本课程教学内容的设计，可以通过学生问题的形成过程、实验探究过程来凸显物理学科知识的获得过程和探索过程。也可以结合学习过程和生活实际中遇到的问题，探究社会关心的重点问题，创设真实的学科情境，提高学生的创新思维与实践动手能力。

重庆市求精中学校的校训是"精益求精，百年树人"。学校的根本任务是"育人"，育人的关键是提高学生的综合素质。科学的探究思维和探究能力是综合素质的重要组成部分。随着课程的变革，校本课程的发展越来越重要，每个学校都应将实际情况考虑在内，如学校育人理念、办学理念、学校文化等，学校校本课程开发过程就是反映学校教育理念的过程。校本课程开发必须考虑学校培养目标、教师教学特点与才能、教学整体氛围及教学设施配套程度等各方面因素。为保证学生能够正常进行物理实验，提高创新能力，学校要积极地对物理实验教学硬件进行完善。同时也要在提升物理组学科实验水平的培养上加大投入。教师在课程开发的过程中，深入理解学校的教育理念，确立本校独具特色的校本课程[13]。

根据对学校物理教师的调查分析可知，新课程改革后高中物理的教学内容较以前有所增多，新高考对物理学科考查的知识范围加大，难度加深。尤其在实验上加强了对基本物理实验规律和方法的考查和计算能力的考查。物理创新实验校本课程的开设可以提高学生对物理的兴趣，提高学生动手操作能力和问题分析能力。

学生对物理实验是喜爱且充满热情的，学生在学习物理学的过程中，喜欢动手做实验，喜欢从探究实验的过程中获取知识。大部分同学希望通过生活、书本、实验以及实验创新比赛等多方面学习来提高物理学科成绩。

学生对物理创新实验校本课程开发抱有兴趣。学生希望通过物理创新实验校本课程的学习来理解物理规律，解释生活中遇到的一些物理现象，渴望通过物理创新实验校本课程的学习来激发学习物理探索客观规律的原生动力。

（五）目标拟定

通过对物理创新实验校本课程的学习，预期学生实现以下四个目标：

（1）通过物理创新实验校本课程的学习，学生从物理的角度去了解并尝试解释生活中的物理现象。

（2）唤醒学生对物理学的好奇心和兴趣，催生获取知识的原动力，引导学生深入理解物理思想，为后续物理课打下良好基础。

（3）培养学生掌握物理实验基本知识、基本方法和基本技能，提高其分析和解决问题的能力；作为科学素质的养成环节，采取开放式的教学模式，为学生提供一个自由、自主、自觉学习的环境。

（4）开阔眼界和思路，提高学生对实验方法和技术的综合运用能力；通过实践过程，培养学生的创新意识、创新精神和创新能力；同时也培养学生的竞

争意识、合作与协作能力以及团队精神，为学生创新能力的培养提供强有力的
支撑。

（六）内容编制

目 录

实验一　探究斜拉桥中"神奇的结构力学" ………………………………… 1

实验二　用位移传感器定性探究加速度与物体质量、斜面倾角的
　　　　关系 …………………………………………………………………… 5

实验三　测轻轨加速度 ………………………………………………………… 8

实验四　交警是如何测量车速的？ ………………………………………… 13

实验五　过山车上游客不掉下来的原理演示 ……………………………… 19

实验六　电磁弹射的演示 …………………………………………………… 23

实验七　组装简单发电机 …………………………………………………… 28

实验八　"陀螺"的开发、利用 …………………………………………… 36

实验九　激光点爆气球演示 ………………………………………………… 40

实验十　用传感器探究气体等温变化规律 ………………………………… 46

实验十一　磁流体 …………………………………………………………… 51

实验十二　用磁铁熔化金属 ………………………………………………… 56

实验十三　将 CD 放进微波炉加热 ………………………………………… 60

实验十四　轨道怪坡 ………………………………………………………… 63

实验十五　悬空硬币桥 ……………………………………………………… 68

实验十六　用传感器探究灯丝电阻率随时间变化的规律 ………………… 71

实验十七　用传感器探究电流与电压的变化规律 ………………………… 77

实验十八　双缝干涉与光子性质 …………………………………………… 80

实验十九　光电效应实验 …………………………………………………… 84

实验二十　热传导与导热系数 ……………………………………………… 88

实验二十一　全息照相技术与光学信息处理 ……………………………… 92

（七）实施方式

改建专用实验室——吊装实验室，提高选修课教学质量。课程安排在高
一、高二年级，每两周一课时，教学内容凸显选择性和层次性。具体设计

如下。

第一阶段：系列讲座"物理学原理演示实验"8学时、"诺贝尔物理奖系列讲座"8讲8学时。第二阶段：设计共两个学年、21学时的"物理创新实验"课程，开设20多个实验项目供学生选择，每个学生必须独立完成10个实验项目。学生通过逻辑严密、操作过程严谨、结果准确严格的实验技能培训，初步养成科学素质。第三阶段：为部分优秀学生开设具有竞争性的选修课程，鼓励学生参加科技竞赛活动。为了达到培养学生创新精神的目的，学校每期投入上万元，设立了学生实验探究训练计划，开展了创新实验大赛，带领学生参加重庆市和高校联合举行的"雏鹰计划"。

学生完成实验1探索斜拉桥中"神奇的结构力学"时的小组展示见图6-2-2。

图6-2-2 学生完成实验1探索斜拉桥中"神奇的结构力学"时的小组展示

（八）课程评价

1. 课程纲要评价

该课程与国家课程联系紧密，符合学校情况；课程的评价方式具有多元性，能够全方面对课程进行剖析，对该课程的完善提供了有力支撑。

2. 学生评价

大部分学生喜欢"高中创新物理实验"这门课程，认为通过教师评价、学生自评、组内互评等方式对学生综合素质进行评价更全面。大部分学生能较好地完成"高中创新物理实验"的课程目标，但仍有部分学生存在问题，如有的学生基础知识太薄弱以至于在课堂中无法理解实验原理，操作实验时不熟悉，不知道如何有序推进；也有的学生参加这门课程是因为觉得实验好玩，没有在课堂中全身心投入，一学期后并没有收获，对这门课抱有无所谓的态度。这说明在开发一门校本课程时一定要做好充足准备，对学生进行筛选，确保这门课程的课程目标能够顺利实现。

3. 教师评价

（1）教师认为这门课程有助于学生物理核心素养的培养，让学生从实验中体会到物理学习的乐趣。授课教师建立了研究型教学模式并把研究型教学模式贯穿于物理实验校本课程教学的各个阶段，积极引导学生进行创新实践。在突破教学疑难点时，引导学生创设情境，学会用"提出问题—猜想—分析—实验"的方法进行深度学习。

（2）加强了实验师资队伍建设。在实践中依靠学科优势，以科学研究为源泉，自主设计研制了一批反映中学物理知识的有特色的新装置，也为其他学校提供借鉴，产生了很好的示范辐射作用。三年的实践很好地提升了教师的实验意识和能力。

三、"高中化学创意实验设计"校本课程的开发与实施

基于核心素养的高中化学实验校本课程的开发需遵循：目的性原则、以学生为本的原则和以实践为本的原则。在这三个原则基础上，通过查阅文献，学校确定校本课程开发流程如下。

（一）组织建立

组织建立是指学校要有校本课程开发领导小组协调开发过程，及时与学生及同行交流，及时发现教师和学生的需求，为顺利实施这门课提供必要保证。校本课程开发领导小组包括学校领导、专家及化学教师。领导小组一是为校本课程开发和实施提供保障，二是负责进行对校本课程开发的内容审议，三是负责协调校本课程开发工作。

（二）现状分析

1. 社会需求分析

化学实验校本课程的开发是基于核心素养和实际教学的需求而进行的，随着科学技术不断进步与普及，化学实验课程教学内容逐渐呈现出多元化特征。高中教育以进一步提高学生整体水平为宗旨，以培养学生的创造性思维和

动手能力为目的，帮助学生发展高阶思维，促使学生掌握科学的原理和方法，符合事物发展的规律和高中化学发展的趋势。当代培养人才，最根本的要求就是在对物质进行探究与创造的研究中，能客观遵循科学规律，培养可持续发展意识。化学校本课程教学内容的设计，可以通过重视学生思维形成的过程和转变学生学习方式来凸显化学学科的探索性，提高学生创新思维与实践能力。

2. 学校需求分析

校本课程的发展越来越重要，每个学校都应将实际情况考虑在内，如学校育人理念、办学理念、学校文化等，学校校本课程开发过程就是反映学校教育理念的过程，必须考虑学校培养目标、教师教学特点与才能、教学整体氛围及教学设施配套程度等各方面因素。为保证学生正常进行化学实验，提升创新能力，学校要积极地对化学实验教学环境进行优化[14]。在课程开发的过程中，深入理解学校的教育理念，确立本校独具特色的校本课程。

3. 学校化学教师调查分析

根据对学校化学教师的调查分析可知，新课程改革后高中化学的教学内容较以前有所增多，由于课业压力大，教学课时有限，学生动手实验的机会很少，因此教师们很支持化学实验校本课程的开发。化学实验校本课程的开设可以提高学生对化学的兴趣、提高学生动手操作能力和问题分析能力。大部分教师认为妨碍化学实验校本课程开发的重要原因包括：课程资源不丰富，学生动手能力较差，学习兴趣不浓[15]。

4. 学生需求分析

学生喜爱化学实验。学生在学习化学的过程中，喜欢动手做实验，喜欢从探究实验的过程中获取知识。大部分同学希望通过生活、书本、实验等多方面学习来提高化学成绩。

学生对校本课程抱有兴趣。绝大多数学生对动手操作化学实验和化学实验校本课程感兴趣。他们认为化学实验校本课程能增强他们对化学学科学习的兴趣，提高动手操作能力[16]。

（三）目标拟定

通过对化学实验校本课程的学习，预期学生达到以下五个目标：

（1）通过化学实验校本课程的学习引导学生从化学的角度去认识周围的事物，使其能够从宏观和微观的角度去发现其中的化学原理，对生活中实际现象所涉及的相关化学知识进行归纳和应用。

（2）学生通过化学实验校本课程的学习能从多角度分析化学变化，认识物质是运动和变化的，通过所学的化学反应原理科学解决实际问题。

（3）提高学生的分析能力、推理能力、总结能力和反思能力，使其初步养成证据推理意识和科学思维，建立认知模型来解释化学现象的本质。

（4）学生通过化学实验校本课程，了解运用化学知识解决实际问题的方法，提升动手实践能力，掌握基本的科学探究方法，提高科学探究与创新意识的学科核心素养。

（5）学生通过化学实验感受化学的科学性和实用性，激发自身的学习兴趣，通过对这门校本课程的学习，了解化学知识对生产和生活的重要性，培养科学态度与社会责任的学科核心素养[17]。

（四）内容编制

《高中化学创意实验设计》封面图见图6-2-3。

图6-2-3 《高中化学创意实验设计》封面图

"高中化学创意实验设计"校本课程的目录如下：

目 录

第一部分 无机实验

实验一 探究铁被浓硫酸"钝化"的认识误区…………………………… 1

实验二 茶水与亚铁盐作用的实验探究…………………………………… 3

实验三　硫酸亚铁溶液与氧气及次氯酸钠反应的实验探究……………　9

实验四　溶解氧传感器测定亚铁离子与氧气反应的实验探究　……　17

实验五　钠与盐溶液反应的实验探究　………………………………　21

实验六　NaOH溶液沉淀及分步沉淀常见金属离子的实验探究……　28

实验七　焰色反应的趣味化演示装置的研制　………………………　38

实验八　消毒液性质的创新研究　……………………………………　41

实验九　次氯酸漂白作用实验的新设计　……………………………　46

实验十　金属铝和水反应的实验探究　………………………………　54

第二部分　有机实验

实验十一　做脱水剂制备乙烯实验的研究　…………………………　57

实验十二　溴乙烷制备实验的自分离装置设计　……………………　61

实验十三　乙醇催化氧化的补充实验　………………………………　64

实验十四　乙酸乙酯制备演示实验的新设计　………………………　66

实验十五　甲酸酯银镜反应实验的探究　……………………………　70

实验十六　银氨溶液中滴加氢氧化钠溶液实验引发的探究　………　73

实验十七　手持技术在乙酸乙酯皂化反应中的应用　………………　77

实验十八　渗析、蛋白质及淀粉性质的综合实验设计　……………　82

第三部分　理论实验

实验十九　视听一体化溶液导电实验装置的设计　…………………　87

实验二十　利用手持技术探究铁的电化学腐蚀实验　………………　91

实验二十一　铝的活泼性实验创新设计　……………………………　97

实验二十二　氧气原电池的设计与制作……………………………　102

实验二十三　解析法探究化学反应速率的影响因素………………　105

实验二十四　探究化学电源的发展…………………………………　109

"高中化学创意实验设计"校本课程的部分实验方案见实验七。

实验七　焰色反应的趣味化演示装置的研制

一、简易组合演示器

器材：旋转台、圆柱形铁丝网垃圾桶、焊接好的酒精盛放容器、点火器、固定铁钉。

试剂：95%酒精、饱和醋酸钙、碳酸锂粉末、硫酸铜粉末、食盐粉末等。

实验步骤：

（1）将95％酒精和饱和醋酸钙溶液按照5∶1混合，倒入四个容器中，并快速在生成的固体酒精中分别加入碳酸锂粉末、硫酸铜粉末、食盐粉末。

（2）用点火器点燃固体酒精，将旋转台快速旋转，可以看到龙卷风的形成。

简易组合演示器示意图见图6-2-4。

图6-2-4　简易组合演示器示意图

实验优缺点：

优点：固体酒精的使用，便于旋转而不发生火灾，彩色的火焰宛如麻花缠绕，形象地展示了不同金属的焰色反应。

缺点：转速慢，火焰火苗不旺，形成的龙卷风不剧烈。

二、透明圆柱体对剖演示器

器材：透明圆柱亚克力管对剖、蒸发皿（或者坩埚）、点火器。

试剂：95％酒精、饱和醋酸钙、碳酸锂粉末、硫酸铜粉末、食盐粉末等。

实验步骤：

（1）将95％酒精分次倒入蒸发皿中，分别加入碳酸锂粉末、硫酸铜粉末、食盐粉末。

（2）用点火器点燃固体酒精，在对剖的圆柱体之间留一点缝隙，可以看到龙卷风的形成。

（3）改变蒸发皿的个数，从四个到三个，到两个再到一个，都可以观察到火焰龙卷风的形成，而实验证明，两个的效果最快、最好。

（4）调节缝隙的位置，可以看到顺时针和逆时针两个不同方向的龙卷风。

透明圆柱体对刨演示器示意图见图6-2-5。

图6-2-5　透明圆柱体对刨演示器示意图

实验优缺点：

优点：便于改变盛放酒精容器的数量，彩色的火焰宛如麻花缠绕，形象地展示了不同金属的焰色反应。

缺点：这种状态下形成的龙卷风，需要通过改变有机玻璃板的大小才能改变其剧烈程度，小型的对刨容器容易受到火焰的炙烤而变形。

三、迷你发生器

器材：轴承、圆柱形铁丝网笔筒、蒸发皿、点火器、圆形固定底座。

试剂：95％酒精、饱和醋酸钙、碳酸锂粉末、硫酸铜粉末、食盐粉末等。

实验步骤：

（1）将笔筒固定在圆形固定底座上。

（2）将固体酒精盛放容器放入圆柱形铁丝网笔筒中。

（3）取上述配制好的固体酒精（含不同金属离子的盐）分别放入容器内，并点燃。

（4）快速旋转，可以观察到快速旋转的火焰龙卷风。

迷你发生器装置示意图见图 6－2－6。

图 6－2－6　迷你发生器装置示意图

实验优缺点：

优点：彩色的火焰宛如麻花缠绕，形象地展示了不同金属的焰色反应，装置小，便于推广和使用。

缺点：由于是微型化的装置，实验反应不够剧烈。

（五）实施方式

课程实施具体过程包括发放导学案、课前查阅资料、课上汇报展示、学生小组讨论、动手实验、课堂练习、课后习题等。发放导学案，对学生的预习进行引导，一方面使学生对课程内容有所了解，另一方面使学生发现自身存在的问题，从而激发学生学习的动力。课前查阅相关资料和课上汇报展示可以让学生了解化学史实，活跃课堂气氛，提高学生学习化学的兴趣，培养学生勇于创新不断探索的科学品质。小组合作讨论让小组内同学互相帮助，互相探讨。课堂练习与课后习题强调真实的试题情境，精心设计问题要点，更好地发展学生化学学科核心素养[18]。

学生在完成"实验七　焰色反应的趣味化演示装置的研制"时的小组展示见图 6－2－7。

图 6-2-7　学生在完成"实验七　焰色反应的趣味化演示装置
的研制"时的小组展示

（六）课程评价

1. 课程纲要评价

该课程与国家课程联系紧密，较符合学校情况；课程的评价方式具有多元性，能够全方面对课程进行剖析，对该课程的完善提供了有力支撑。

2. 学生评价

（1）学生对课程的评价。

大部分学生喜欢"高中化学创意实验设计"这门课程，认为通过教师评价、学生自评、组内互评等方式对学生综合素质进行评价更全面。学生建议实验操作时间可延长一些，这样实验失败还有时间重来。大部分学生能很好地完成"高中化学创意实验设计"的课程目标，但仍有部分学生存在问题，如有的学生基础知识太薄弱以至于在课堂中无法理解实验原理，操作实验时也不知道如何进行；有的学生参加这门课程仅仅是因为实验好玩，并不会真正在意其中的知识点，因此一学期结束后学生并没有任何感觉，对这门课抱有无所谓的态度。因此，在开发一门校本课程时一定要做好充足准备，需对学生进行筛选，确保这门课程能够尽可能满足每一位学生的发展需求。

（2）对学生学业的评价。

大部分同学都能在课程开始前，根据实验内容自主查阅资料完成导学案；在课程开始时做到认真听讲，按要求完成实验；课程结束后，认真填写实验报告及心得体会。本门课程深受学生喜爱，学生兴趣强，积极性高，"高中化学创意实验设计"校本课程在很大程度上满足了学生的实验需求，也拓展了学生的知识面。

3. 教师评价

教师认为这门课程有助于学生化学核心素养的培养，同时让学生从实验中体会到化学学习的乐趣。但也有细节之处需要完善，如课程小组分配，8人一组人数过多，可能会导致部分学生没有参与到实验中。

四、"生物·生活"校本课程的开发与实施

重庆市求精中学校是生物实验教学基地，而且拥有属于自己的生物社团——求精生物 Life 社。求精生物 Life 社自 2016 年创立以来，在学校生物教研组三位教师共同指导下，社员们以"拓宽视野，树立自信，热爱生命"为宗旨，以挖掘学生科研潜力，培养生物核心素养，提升自信心，树立尊重科学的态度与热爱自然的情怀为目的，开展了专家讲座、实践探究以及动手实验等形式多样的活动。求精中学校生物教研组以社团为载体开发的校本课程"生物·生活"得到了师生们的喜爱。

（一）以社团为载体进行校本课程开发的优势

社团通常被看作社会团体的缩写，是文化、体育、科学等领域的群众组织，由成员根据其共同兴趣和爱好自愿组成。在社团里，学生是主体，教师起引导作用，可以充分发挥学生的主观能动性。中学阶段，尤其是高中阶段，正是学生人生观、价值观建立的特殊时期，社团给了学生足够的独立空间，每一位社团成员都是社团的主人。成员基于共同的兴趣与意愿组织在一起，充分调动了主观能动性，对培养责任感、培养团队协作能力都有很好的帮助。在社团教师的指导下，还可以促进学生的身心健全发展，在轻松的氛围下，学生与教师之间，学生与学生之间时时刻刻相互学习、共同探究。图 6-2-8 是学生对社团活动兴趣程度统计图，由图可知，学生对社团非常感兴趣，因为社团活动没有课堂的学习压力，这能更好地调动学生的积极性，在轻松的学习环境中，让学生将课本知识运用于实际中，从敢想到敢做，在动手的过程中，既是对知

识的巩固再现，也是对知识的检验。学生通过社团活动，丰富了自己的中学生活，增进了人生体验，也提高了综合素质，这正是"双新"背景下落实核心素养的有效形式。

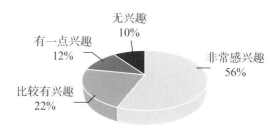

图 6-2-8　学生对社团活动兴趣程度统计图

（二）以社团为载体进行校本课程开发的流程

在进行高中生物校本课程开发之前，重庆市求精中学校生物教研组做了大量的准备工作，通过问卷调查的方法了解社团三位教师以及学生对校本课程的看法。接下来结合社团之前的活动经验，分析了社团成员对社团活动的期望，结合社团教学特点确定了以生物社团为载体的校本课程开发的流程：首先通过分析重庆市求精中学校的地理环境、人文特色确定校本课程的开发目标与原则；然后根据不同年级学生的需要、不同时间（如根据二十四节气）编制校本课程的内容；最后是校本课程的实施与评价，再根据评价进行修订与改进。校本课程开发具体流程如图 6-2-9 所示。

图 6-2-9　校本课程开发流程图

（三）确定校本课程开发的目标

1. 完善国家、地方和学校三级课程体系

《普通高中生物学课程标准（2017 年版）》指出，生物学课程分为必修课程、选择性必修课程和选修课程。高中生物校本课程是对必修课程和选择性必修课程内容的拓展延伸，校本课程的实施有利于提升学生探究和实践能力，让学生将实际生活与生物学紧密联系在一起，通过"生物·生活"校本课程的学习，让生物走入学生的生活，让他们更加关注自己的身心健康。

2. 培养学生生物学核心素养

《普通高中生物学课程标准（2017 年版）》指出，生物学素养是指公民参加社会生活、经济活动、生产实践和个人决策所需的生物学知识、探究能力以及相关的情感态度与价值观，它反映了一个人对生物学领域中核心基础内容的掌握和应用情况，以及在已有基础上不断提高自身科学素养的能力[19]。生物学素养是生物学核心素养形成的条件和基础，提高每个高中学生的生物学素养是本课程标准实施中的基本任务。正因如此，在国家课程的基础上，需要校本课程作为补充，通过一个个校本实验，通过一个个社团活动，丰富学生的课余生活，逐步培养学生生物学素养。

（四）明确高中生物校本课程开发的原则

1. 地域性原则

生物学科是与生活紧密联系的一个学科，与学生的日常生活息息相关，与学生所处的环境也息息相关。校本课程作为国家课程的重要补充，就是要发挥其地域性特点、学校的环境特点，如金秋十月，校园金桂飘香，可以制作传统美食桂花糕，既结合了传统文化，也与学校环境有机结合了起来。

2. 趣味性原则

学生在选择社团的时候，兴趣一定是他们首要考虑的因素，因此，一定要注重社团里校本课程的趣味性。基于高中生物实验课程的特点，课程内容可以采取多种形式，不仅可以在实验室开展，也可以在户外开展，如"玉米的一生""玉米的杂交实验"等，需要学生在户外完成，需要学生长时间的关注，学生在此过程中也将更有成就感与责任感。

3. 学生主体性原则

社团活动本身就强调学生的主体性，以社团为载体的校本课程更要凸显出学生的主体性。在开发生物校本课程时，教师应引导学生独立分析与思考，让学生掌握探究实验的一般步骤与方法，让学生学会搜集资料、总结并提出相应的实验方案。

（五）内容编制

高中生物校本课程"生物·生活"目录如下：

目 录

第一部分　美食趣"胃"计划

活动一　广东美食姜撞奶…………………………………………… 1

活动二　秋天的味道——桂花糕…………………………………… 3

活动三　飘香玫瑰腐乳……………………………………………… 5

活动四　微醺橘子酒………………………………………………… 8

活动五　酒酿蜜香………………………………………………… 11

第二部分　生活小妙招

活动六　手工精油皂的制作……………………………………… 13

活动七　精油护手霜的制作……………………………………… 15

活动八　精油唇膏的制作………………………………………… 18

活动九　中药驱蚊包的制作……………………………………… 20

活动十　敲拓染…………………………………………………… 23

活动十一　血型的鉴定…………………………………………… 24

第三部分　生活的艺术

活动十二　叶脉的艺术…………………………………………… 26

活动十三　琥珀的制作…………………………………………… 28

活动十四　制作细胞的三维结构………………………………… 31

第四部分　奇趣大自然

活动十五　兔子的解剖…………………………………………… 34

活动十六　野外动植物的观察…………………………………… 35

活动十七　玉米的一生…………………………………………… 37

活动十八　生物"微世界"——微生物的观察………………… 40

【案例展示】

求精中学生物 Life 社中秋活动
——秋天的味道（桂花糕的制作）策划书

一、活动背景

秋天对人们来说，除了中秋，最多的记忆就是满园桂花香。那么桂花有哪些种类？有什么特点？有什么药用或食用价值？我们以"如何留住满园桂花香，留住秋天的记忆"为主题，开展这次活动。

二、活动目的

（1）教会学生分辨四种桂花的方法。

（2）培养学生的观察能力，使其观察能细微到植物的叶缘及花形。

（3）增强学生的动手能力与创造力。

三、活动组织方式

（1）全体社员必须参与。

（2）部分社员参与提前采集桂花，酿制糖桂花备用。

四、活动准备

（1）组织部部长负责安排人员提前准备各种制作器械，清洗干净。

（2）授课老师准备实验所需的糖桂花和相应材料。

（3）宣传部负责本次活动宣传海报。

（4）编辑部负责收集本次活动的图文资料。

五、活动时间地点

时间：2022年10月28日中午12点50分。

地点：实验楼一楼生物实验3室。

六、具体内容

（1）由授课教师讲解桂花的分类以及桂花的特点等。

（2）由授课教师讲解制作桂花糕和糖桂花的过程，学生按照自己的创意进行桂花糕制作。

（3）学生就此次活动写一篇简报，交编辑部保存。

秋天的味道——桂花糕

桂花糕，又被称为"广寒糕"。古人云：凡花之香者，或清或浓，唯桂花清可绝尘，浓能溢远。

材料用具：

黏米粉、糯米粉、糖粉、纯牛奶、新鲜的桂花、电子秤、蒸锅、模具等。

方法步骤：

（1）采集新鲜的桂花，去除枝梗等杂质，然后用清水将桂花泡半小时，轻轻洗净后放在网状容器沥干水分。

（2）将玻璃瓶洗净擦干后撒上一层糖，然后撒上桂花，一层糖一层桂花，10~12天后酿制成糖桂花。

（3）取黏米粉120g、糯米粉60g、酿制好的糖桂花30g、糖粉10g、水 60g，把所有材料加在一起，用手搅拌均匀，把一些小颗粒捏碎。

（4）将搅拌好的材料用模具印好。

（5）加水烧开后用蒸锅蒸 30 分钟。

分析与评价：

你制作的桂花糕口味如何？形状是否满意？桂花糕是否做到了糯而不散？如果没有做到，是什么原因？应该如何改进？

（六）校本课程的实施

校本课程实施具体过程包括发放校本课程文本，教师对该课程做理论指导，学生分组在实验室进行实验，展示作品。在校本课程一部分内容结束后可进行集中汇报展示，如开展线上活动集中展示、售卖成品等。下面是手工精油制作的活动简报：

求精中学校生物社手工精油皂制作活动简报

4 月 21 日，生物社全体成员进行了手工精油皂制作活动，生物社指导老师及全体社员共同参加，活动取得圆满成功。

活动前一周，李老师提前提取了柑橘精油。21 日中午 12 时 50 分，师生齐聚生物社活动室，韩老师首先为大家讲解手工精油皂制作方法（图6-2-10）。

图 6-2-10　精油皂制作图

随后，学生开始制作，称量皂基，水浴加热熔化，加入精油，倒模，倒模后加入色素在皂液表面，皂液表面有许多白色的泡沫，必须用小刀挑去，但在这过程中，皂液很快会冷却凝固，因此，这个工作需要有效率。

制作过程中，学生充分发挥想象力，制成精美的手工皂成品（图 6－2－11）。

图 6－2－11　手工皂成品

这是一次对于内心的考验，更是一次成长的历练。

（七）课程评价

1．课程纲要评价

该课程对国家课程进行了很好的补充，较符合学校实际情况，充分发挥了生物学科的特色；课程板块分类明确，有助于提高学生的核心素养。

2．教师评价

高中生物实验课程以生物社团作为载体，生物 Life 社建立的初衷在于希望同学们重视生物学科，重视实验，培养同学对生物学的兴趣。在"双新"背景下，让学生参与实践，把课堂还给学生是必须做的事。那么，如何让学生对学科学习感兴趣？这便是教师思考的问题。因此，学校召集了一批热爱生物、热爱自然的学生一起组建了生物 Life 社团，以社团活动的形式，通过选修生物校本课程，开阔学生视野，提升学生综合素质，使学生喜欢上生物学科，增强自主学习意愿。不难发现，每一次活动后，学生都有了不同的体会。无论是带给长辈的温暖，还是带给同学的礼物，无论是创作中的艰苦，还是载誉归来后的欣喜，无论是探究过程中的失败，还是努力之后的成功，每一次都收获满满。常常有许多学生来咨询生物 Life 社团什么时候能再招新，也有教师询问可否让自己的孩子来体验。大家的踊跃报名和关注是学校期待的，也证明学校认认真真、扎扎实实，努力做好的社团得到了大家的认可。

3. 学生评价

参加社团后，学生观察周围的环境以及动植物的生长，利用学到的知识动手做些小玩意，学会如何发现活动中的问题并解决它，懂得怎样组织好自己小组的分工与合作，有了对生物的新的认识。在社团的影响下，学生对生物产生了更加浓厚的兴趣，不仅仅是想玩儿而已。

以生物社团为载体的校本课程活动有艺术性、知识性、趣味性和思想性。学生在参与活动的过程中，增强了集体观念和团队意识，陶冶了情操，也增强了自己的责任感。通过校本课程的实施，学生将兴趣培养成了特长，把特长提升为技能，把技能拓展为素质。社团举办的讲座、技能比赛等活动也为学生搭建了实践平台，其竞争意识、合作意识、研究能力、创新能力、沟通能力等得到了进一步的提高。

4. 社会评价

社团自创立以来的获奖情况：

（1）参加"2017 环球自然日——青少年自然科学知识挑战赛"全球总决赛获得一等奖、二等奖以及最佳选题奖。

（2）在重庆市首届生物课外实践活动比赛决赛中，学生社员的 1 组作品获得一等奖，5 组作品获得二等奖，2 组作品获得三等奖。

（3）在重庆市第二届初中生物学科实践活动优秀作品评选中，获得 3 组二等奖。

（4）获得"重庆市普通高中优秀社团"称号。

参考文献

[1] 蔺燕. 校本课程资源开发的理论与实践研究 [D]. 石家庄：河北师范大学，2012.

[2] 王江丽，陈迪喜. 校本课程开发中的问题与对策 [J]. 新校园，2023，(5)：39−41.

[3] 施黔群. 新课程背景下校本课程开发的管理与实施 [J]. 文理导航（上旬），2021 (9)：94−95.

[4] 汪翠. 基于高中物理核心素养的校本课程开发模式与教学实践 [D]. 武汉：华中师范大学，2020.

[5] 王书香，鲍远明. 核心素养理念下校本课程资源开发的思考 [J]. 教育实

践与研究（B），2018（Z1）：48−51.

［6］宋萑，区颖欣. 校本课程开发研究述评［J］. 北京教育（普教版），2023（4）：6.

［7］王威.《高中物理创新实验器材制作》校本课程的开发与实践研究［D］. 重庆：西南大学，2022.

［8］吴玮芬. 基于布卢姆教育目标分类理论的高中生物学分层作业设计及其应用研究［D］. 南昌：江西师范大学，2023.

［9］中华人民共和国教育部. 基础教育课程改革纲要（试行）［J］. 学科教育，2001（7）：1−5.

［10］中华人民共和国教育部印发《关于全面深化课程改革落实立德树人根本任务的意见》［EB/OL］.（2014−04−18）http://www. moe. gov. cn/srcsite/A26/jcj ＿ kcjcgh/201404/t20140408 ＿ 167226. html.

［11］李丽琼. 高中物理实验校本课程的开发和实施［J］. 湖南中学物理，2020，35（10）：32−33.

［12］于粉霞. 核心素养下物理实验校本课程的开发与实施［M］//中国管理科学研究院教育科学研究所. 2021教育科学网络研讨年会论文集（中）. 江苏省扬州市江都区小纪中学，2021：4.

［13］韦丽书. 河池市中学物理地方课程资源的开发利用案例研究［D］. 桂林：广西师范大学，2008.

［14］石春婷. 中学化学教师实验创新设计策略的研究［D］. 伊犁：伊犁师范学院，2024.

［15］何亚平. 中学化学实验教学研究现状探析［J］. 科学咨询，2018（20）：1.

［16］刘敏华. 浅谈高中化学课堂教学中学生核心素养的培养［J］. 高中数理化，2018（8）：2.

［17］黄恭福，邹海龙，黄利华. 基于学生发展的高中化学实验教学评价研究［J］. 实验教学与仪器，2019，36（5）：5.

［18］朱鹏飞，陈敏，陈凯. 对《普通高中化学课程标准（2017年版）》"学业要求"的分析［J］. 化学教与学，2018（10）：4.

［19］中华人民共和国教育部. 普通高中生物学课程标准（2017年版）［M］. 北京：人民教育出版社，2018：1−5.